Gianluca Aprile • Filippo Graziani • G

CW00747482

Italiano in cinque minuti

Esercizi rapidi sulla grammatica e sul lessico

volume  **2**

ALMA

ALMA Edizioni - Firenze

Direzione editoriale: Ciro Massimo Naddeo

Redazione: Carlo Guastalla, Euridice Orlandino e Chiara Sandri

Progetto grafico: Andrea Caponecchia

Impaginazione: Mario Leandri

Progetto copertina: Sergio Segoloni

Disegno copertina: Thelma Alvarez-Lobos e Sergio Segoloni

Illustrazioni: Sebastiano Onano

Stampa: Litos - Gianico (BS)

Printed in Italy
ISBN: 978-88-6182-079-1

© 2009 Alma Edizioni
Prima edizione: ottobre 2009

Alma Edizioni
Viale dei Cadorna, 44
50129 Firenze
tel. +39 055476644
fax +39 055473531
alma@almaedizioni.it
www.almaedizioni.it

I diritti di traduzione, memorizzazione elettronica, di riproduzione e di adattamento
totale o parziale, con qualsiasi mezzo (compresi microfilm e le copie fotostatiche),
sono riservati per tutti i paesi.

L'editore è a disposizione degli aventi diritto per eventuali mancanze o inesattezze.

Indice

1 Nomi particolari

1 Completa il testo con i sostantivi della lista, come nell'esempio.

artisti   convegno   caffè   criminalità   curiosità
design   giornalista   inchiesta   mangiatori   paesi
popolo   qualità   ricchezze   volume

CREATIVI MA CAOTICI: COSÌ CI VEDONO ALL'ESTERO

ROMA - Estroversi e creativi, ma anche confusionari e inaffidabili. E chissà se poi siamo davvero così: un *popolo* di _____, di maschilisti, di _____ di spaghetti legati alla famiglia e sensibili.

Se siamo cioè come ci vedono loro, gli stranieri. Di questo e del libro *Come ci vedono gli stranieri*, scritto dal Sottosegretario agli Affari Esteri Mario Baccini con il _____ Arturo Diagonale, si è parlato ieri a Roma, nel corso di un _____ dedicato all'immagine dell'Italia.

Il _____ presenta i risultati di un'_____ svolta dagli Istituti Italiani di Cultura all'estero. Ne risulta che siamo un paese apprezzato per le nostre _____ artistiche e famoso per la moda, la cucina, il _____, il paesaggio e la _____ della vita. Ma nel campo del lavoro si scoprono anche alcune _____.

In Cina, ad esempio, faticano a pensarci come uno dei _____ più industrializzati del mondo. Negli Stati Uniti amano la nostra "civiltà del lavoro", intesa come tolleranza ai _____ presi nell'orario d'ufficio, mentre i brasiliani "apprezzano i nostri successi contro la _____ organizzata".

da www.corriere.it

2 Rimetti al posto giusto nella lettera i sostantivi che trovi nella colonna destra, come nell'esempio. Attenzione: i sostantivi sono tutti nella forma base, cioè al singolare. Quando li scrivi nel testo devi fare le opportune concordanze.

Italians

con Beppe Severgnini

✉ scrivi 🏠 home ⬅ precedente ➡ prossimo 🔍 cerca

Ciao Beppe,   ~~settimane~~

sono a Montreal da tre ed abito con due ragazze tipicamente canadesi.

Abbiamo un po' diverse, ma finora non ci sono stati grandi.

Dopo dieci giorni dal mio ingresso in casa mi hanno però confidato

un particolare: all'inizio avevano delle esclusivamente per il fatto che

io fossi italiano.

| abitudine |
| perplessità |
| problema |
| *settimana* |

Allora: ho viaggiato un po' e conosco quali sono i distintivi che ci

caratterizzano all'estero, ma qui la italiana è ben radicata ed integrata,

e nonostante questo esistono ancora degli che ci contraddistinguono.

| comunità |
| stereotipo |
| tratto |

Le ragazze con cui vivo hanno viaggiato molto e sono state anche in

Italia, ma nel loro immaginario gli italiani sono ancora i con la camicia

aperta e la collana bene in vista che popolavano l'Italia degli '70.

| anno |
| maschilista |
| uomo |

Purtroppo questa non è una sostenuta solamente dalle mie, ma anche

da altri ragazzi che ho conosciuto e che mi hanno raccontato il loro

punto di su di noi.

| coinquilina |
| tesi |
| vista |

Come è possibile che questi comuni non vengano mai a cadere,

nonostante gli italiani che vivono qui abbiano fatto molto per lo della

città? C'è veramente da farsi cadere le.

Un saluto a te e a tutti gli Italians in giro per il mondo.

| braccia |
| luogo |
| sviluppo |

da *www.corriere.it*

1 Collocazioni • *Essere e stare*

Lessico

1 Completa le espressioni scegliendo tra i verbi *essere* o *stare*. Poi scrivi le espressioni accanto ai significati, come nell'esempio.

Lala

Domanda aperta

Altra domanda >

Meglio ragazze pelle e ossa o un po' in carne?

Non so se rimanere così o se devo ingrassare un po'...

3 ore fa - 4 giorni rimanenti per rispondere

Interessante ▾   Email   Salva ▾

Stellina

Ciao Lala, secondo me è meglio se *stai/sei un po' in carne*, non troppo ma giusta, invece se sei troppo magra rischi di prenderti qualche malattia e poi non ti guarda nessuno...

Freccia

Per me è meglio essere un po' in carne... è brutto *stare/essere pelle e ossa* e fa pure un po' schifo! *Sono/Sto d'accordo* con Stellina.

Lupin 84

Meglio una ragazza che sta bene con se stessa e non passa tutto il tempo a parlarti delle virtù del tè verde. Una volta mi è capitata una tipa magrissima e stranissima, ogni volta che ingrassava *stava/era sotto a un treno*, quando perdeva un etto *stava/era al settimo cielo*, non gliene fregava niente di me, di quello che le dicevo, contava solo la bilancia. Quindi... meglio grassottella!

Possente

Non so tu quanto sia magra, ma se può *esserti/starti d'aiuto* ti dico che nella mia palestra non guardiamo certo quelle magre, ma quelle un po' pienotte... Meglio in carne... certo poi dipende anche da quanto e dove si è in carne... Il mio consiglio è: non dimagrire! E poi con le diete bisogna *stare/essere in campana*, a volte quelle che trovi sui giornali sono pericolose... se vuoi dimagrire vai dal dietologo, non fare da sola!

Grissino

In carne non guasta, anche se io sono magrissimo... :)

significati	espressioni
1. *hai muscoli e un po' di grasso*	*sei un po' in carne*
2. essere molto magro	
3. aiutarti	
4. provava una grande soddisfazione	
5. fare molta attenzione	
6. condivido la tua idea	
7. era tristissima	

2 Associa le parole della lista ai verbi *stare* o *essere*.

all'erta   fuori di sé   in una botte di ferro   al corrente   agli scherzi

sulle sue   a cuore   tutto casa e famiglia   in piedi   sulle scatole

essere {

stare {

3 Completa le frasi con le espressioni della lista.

stare all'erta   sta agli scherzi   sta molto a cuore   stare in piedi

sta sulle scatole   era fuori di sé   è in una botte di ferro   sono al corrente

sei tutto casa e famiglia   stava sempre sulle sue

1. Oggi alla riunione il nuovo capo _____, perché abbiamo sbagliato tutto il lavoro che aveva chiesto e c'è poco tempo per rifarlo!

2. Da adesso in poi bisogna _____, per non rischiare di sbagliare un'altra volta.

3. Gianna _____, è la più anziana e non rischia di perdere il lavoro, come noi ultimi assunti.

4. Ma che simpatico il nuovo marito di Sandra! È un tipo allegro che ama divertirsi, è uno che _____, abbiamo passato una serata molto divertente! Non come quel musone di Bernardo che _____, e non si capiva mai cosa gli passasse per la mente!

5. Questo bambino ha i genitori separati e ne soffre molto, si vede dallo sguardo triste, mi _____, voglio aiutarlo.

6. Quella ragazza non la sopporto proprio, mi _____, quando passa non saluta nemmeno, si crede di essere la migliore e invece è solo una stupida presuntuosa!

7. No, non ne so niente, non _____ di quello che è successo ieri a casa di Fabio, mi racconti?

8. Ma perché non vuoi più uscire con noi? Da quando ti sei sposato _____, noi amici non esistiamo più.

9. Aveva bevuto così tanto che non riusciva a _____.

Grammatica

1 Completa il testo con gli articoli e le preposizioni della lista. Attenzione: c'è uno spazio in più e non va riempito.

del   dell'   dell'   di   i   il   il   il   il

il   il   il   l'   l'   la   lo   negli   nelle

Curiosità sulla geografia della Penisola italiana

_____ Italia è l'unico Stato al mondo ad ospitare due altri Stati: San Marino e _____ Città del Vaticano, che non hanno sbocchi sul mare. Sul mare, invece, in Francia, si affaccia _____ principato di Monaco, altro Stato nello Stato. L'unica altra nazione, in tutto il mondo, che ospita un altro Stato è _____ Sudafrica, che circonda completamente il regno _____ Lesotho.

Un altro primato _____ Italia è quello di avere ben tre vulcani attivi: _____ Etna, _____ Stromboli e _____ Vesuvio che non è spento, ma "dormiente".

Parlando dei fiumi, la Dora Baltea (Piemonte) e il Brenta (Veneto) hanno la medesima lunghezza: _____ 160 km.

Per quanto riguarda _____ laghi, _____ lago di Lesina, in Puglia, è profondo solo

due metri, ma anche _____ Trasimeno, quarto in ordine di grandezza, ha stranamente una profondità massima di soli sei metri. _____ Lago di Como, invece è _____ più profondo di tutti, con 410 metri. Anche se esaminiamo i monti scopriamo particolarità: il monte Adamello e il monte Leone, ambedue _____ Alpi, hanno un'altezza pressoché uguale (3.554 e 3.552 metri).

Ultima curiosità: la superficie _____ Italia è passata da 301.263 kmq a 301.302, _____ ultimi dieci anni. Questo aumento del territorio è dovuto al deposito di materiali alla foce dei fiumi, e alla costruzione di aeroporti ricavati dal mare (come quello _____ Genova), di terrazze, moli e pontili.

da *www.globalgeografia.com/Italia/ Italia_curiosita.htm*

2 Leggi i post del forum di *www.turistipercaso.it* e decidi se è necessario usare gli articoli.

Dopo *Turisti per Caso** Patrizio e Syusy presentano ___ loro nuovo progetto:

L'Italia Senza Benzina!

Uno "Slow Tour" lungo ___ stivale per scoprire percorsi da fare a piedi, in bicicletta, in barca, in treno o con ___ qualsiasi mezzo ecologico. Suggerite percorsi in base alla vostra preziosa esperienza. Si parte!

---

1. Vi consiglio "Pedalando sotto le stelle": un ciclo di notturne in mountain bike che vi consente di notare aspetti che di giorno difficilmente si riescono a cogliere. Ho seguito un percorso da brividi: **Reggio Calabria-Motta San Giovanni**, l'ho fatto con ___ mio compagno e ne parliamo spesso. *www.pedalando.it*

---

2. Ciao a tutti! Fate il nuovo **Dolomiti BrentaTrek!** Due i percorsi consigliati: *Expert* per gli amanti dell'alta quota e *Country* versione facile nel fondovalle adatto a tutti! Io l'ho fatto ___ anno scorso con ___ miei cugini cinquantenni ed è andata alla grande. *www.dolomitibrentatrek.it*.

---

3. Visitate **Recoaro Terme** (Veneto). Ci andavano sempre ___ miei nonni con ___ loro amici. La natura di questi posti mi ha conquistato. Ci torno ogni anno a trovare ___ mio nonno (___ mia nonna non c'è più). C'è anche il Bunker del Comando Tedesco della seconda Guerra Mondiale.

---

4. Venite a **Capua in Campania**. Al caseificio, gli ospiti preparano la pasta per fare le mozzarelle, e poi le mangiano! Peccato che debba spiegare tutto in inglese per ___ stranieri che sembrano essere molto più interessati de___ miei fratelli italiani. *www.icitta.it*

---

5. Vi consiglierei il **Parco Nazionale d'Abruzzo**; con ___ vostre bici vi fate tutti i sentierini nei boschi e ___ notte dormite nei paesini: Opi, Villetta Barrea, Pescasseroli...

---

6. A proposito di guerre, ___ miei genitori invece mi hanno portato sugli itinerari della Grande Guerra. Visitate il **Monte Pasubio** (Trentino Alto Adige - Veneto) e la Strada delle 52 Gallerie percorribile a piedi.

---

7. Ciao ragazzi! Sarebbe bello se riusciste a prendere "il trenino verde" in **Sardegna** (info: *www.treninoverde.com*); per me è un gran bel ricordo della mia infanzia con ___ mia mamma e ___ mio fratellino, per voi... una grande avventura...

---

8. Il cicloraduno di **Rimini** è un appuntamento per il turismo in bicicletta, per cogliere testimonianze storico artistiche in un clima di cordialità, amicizia e romanticismo: guardate su *www.cicloraduno.it* la locandina di Fellini in bicicletta con ___ sua moglie!

---

9. Benvenuti su **Mollaundente**! Ho affrontato un'escursione nel verde della Sicilia con ___ miei più cari amici. Consultate il sito: *www.mollaudente.it*. Buona navigazione e... pedalate gente, pedalate!

---

* *Turisti per caso*: è il titolo di una serie di trasmissioni televisive sui viaggi ideate dalla coppia Patrizio Roversi e Syusy Blady. Il titolo è diventato sinonimo di "viaggi fai da te".

② Espressioni di routine

1 Collega le parole e ricostruisci le espressioni. Poi scrivi le espressioni accanto al loro significato, come nell'esempio.

1. *in quattro*	a. vita
2. da una	b. di tempo
3. in un	c. è mondo
4. in men	d. che non si dica
5. dai tempi	e. degli antichi
6. da un momento	f. baleno
7. da che mondo	g. *e quattr'otto*
8. da un sacco	h. all'altro

1 _g_ - 2 ___ - 3 ___ - 4 ___ - 5 ___ - 6 ___ - 7 ___ - 8 ___

a. *in poco tempo*	*in quattro e quattr'otto*
b. *da sempre*	
c. *all'improvviso*	
d. *da tanto tempo*	

2 Leggi gli articoli e scegli il modo di dire corretto nei titoli.

a. Il caso National Geographic: "Il Vesuvio può esplodere da un momento all'altro/da che mondo è mondo.**"**
L'allarme arriva dal National Geographic, e la notizia è molto preoccupante. Le conseguenze potrebbero essere davvero disastrose per tutte le zone che sorgono ai suoi piedi. "Nel 79 d.C. il più pericoloso vulcano del mondo seppellì la città di Pompei, ma la prossima eruzione potrebbe essere molto più forte".

b. Precario da una vita/in men che non si dica, unica arma l'ironia.
Ultimo romanzo di Giuseppe Carlotti.

In *Non sono un bamboccione*, Daniele racconta la sua quotidianità grigia e meschina di lavoratore di un'emittente televisiva che vende falsità.

Una trama amara ma divertente che sa fin troppo di realtà e che si traduce in un'istantanea della cinica Italia del momento.

c. Venduti dai tempi degli antichi/in un baleno i cellulari da 100 mila euro.
Anche in tempi di recessione mondiale qualcuno può permettersi dei costosi sfizi, come i telefonini Sharp 823SH Tiffany da 100 mila euro, andati letteralmente a ruba. In soli tre giorni sono stati venduti in Giappone tutti i dieci esemplari della "limited edition".

d. La professione che esiste dai tempi degli antichi/in quattro e quattr'otto arriva in Parlamento.
Il Consiglio dei Ministri ha approvato il disegno di legge su «misure contro la prostituzione».
Operatori del sesso e clienti rischiano l'arresto: da 5 a 15 giorni, oltre che un'ammenda da 200 a 3 mila euro. Chi sfrutta la prostituzione minorile rischia da 6 a 12 anni e multe da 15 mila a 150 mila euro.

e. Arredare la casa in quattro e quattr' otto/da un momento all'altro oggi si può! E sempre di più in tutta Italia!
Ikea è arrivata a quota 13 Punti Vendita con l'apertura dello Store di Bari. Sembra siano state pianificate ben 21 aperture nei prossimi

sette anni, in lungo e in largo per lo stivale per oltre 1,5 miliardi di euro di investimento.

f. Velocità in cucina! E le ditte alimentari vanno incontro alle necessità dei consumatori!
Un risotto in men che non si dica/da una vita! (Riso Gallo - risotto allo zafferano)
È un prodotto già pronto, che permetterà di preparare il pranzo o la cena in pochi minuti. Infatti il riso che compone questo prodotto è stato già tostato, e questo vi permetterà di avere il vostro risotto in soli 12 minuti.

Grammatica

1 Completa il testo con i verbi della lista al trapassato prossimo. I numeri tra parentesi ti suggeriscono due possibilità: scegli quella corretta per ogni verbo, come nell'esempio.

dovere / arrivare (1 e 9)   vedere / ordinare (2 e 12)   ballare / traversare (3 e 13)

sposarsi / superare (4 e 10)   vedere / lavorare (5 e 11)

imbarcarsi / immaginare (6 e 8)   arrivare / camminare (7 e 14)

I fannulloni *

- Da dove vieni Gabén?

Mi racconta che era l'ultimo di sessanta fratelli ed ¹· *era dovuto* andare via dalla sua terra. Sua madre glielo ²·_____ con le lacrime agli occhi.

Mi dice che ³·_____ il deserto del Sahara con una carovana di nomadi, e ⁴·_____ con la figlia del capo, una ragazza velata di cui non ⁵·_____ mai _____ il viso. "Inventatelo, amore mio", lei diceva. Così Gabén l' ⁶·_____ bionda o mora secondo il suo sentimento, vaga come una nuvola o con una profonda ferita rossa in mezzo al viso.

Una notte pensò che la ragazza avesse il volto di una iena cieca e scappò via spaventato. ⁷·_____ due giorni nel deserto fino ad incontrare un piccolo porto sul Mediterraneo: lì ⁸·_____ su una nave di pescatori marocchini, tutti con una rosa tatuata sulla schiena, perché dicevano, "la bellezza noi la lasciamo per sempre alle spalle".

Il comandante beveva l'acqua di mare e mangiava pesci vivi. Ogni tanto assalivano uno yacht e lo derubavano. Poi dormivano per due giorni, lasciando che le correnti portassero la nave dove capitava. "Dev'essere il caso a decidere la vita", diceva il comandante. Così erano naufragati sulle coste della Sicilia occidentale. Gabén ⁹·*era arrivato* a piedi a Messina, mangiando un'arancia al giorno per cinque settimane, poi ¹⁰·_____ lo stretto a nuoto in una bella giornata di maggio. Per due anni ¹¹·_____ nei campi, con i muli e mille lire di paga, spostandosi ogni mese più a nord, fino a quando non ¹²·_____ il cartello Roma e gli ¹³·_____ attorno per mezz'ora. Naturalmente non è tutto verissimo, un po' mi confondo, confessò alla fine Gabén, con gli occhi furbi che sorridono, e naturalmente io già lo sapevo, ma mi diverte lo stesso sentire quante storie riesce a inventare, quando è bugiardo. Una notte che aveva bevuto un secondo litro mi ha detto che ¹⁴·_____ a Genova dentro un container, schiacciato in una folla di altri negri con la paura di essere scoperti o, peggio, che nessuno più venisse a liberarli da quella scatola bollente. Credo che questo sia più vicino alla realtà, ma certo la realtà fa proprio schifo.

da Marco Lodoli, *I fannulloni*, Einaudi, 1997

---

* fannullone: chi è pigro, chi non fa niente e non ha voglia di fare niente.

2 Scegli la forma corretta del verbo.

Come un cioccolatino

5.45 del mattino... Lucero era/era stata sul balcone, un grosso strato di neve ha coperto/aveva coperto tutto quanto. La città era bianca, così affascinante come nelle cartoline che qualche volta lei ammirava/aveva ammirato quando era/era stata ancora nel suo paese, quasi sempre caldo. Mai vedeva/aveva visto nevicare fino a quel gennaio a Milano. Aveva attraversato/Ha attraversato l'Atlantico e quel piccolo momento di magia della natura rendeva felice la sua nuova vita. Qualcuno in giro le ha detto/aveva detto che i lavori che solitamente fanno/avevano fatto gli immigrati, come la domestica, la baby sitter, il personale di servizio, il pony... erano/sono state attività "umili", forse perché la maggioranza degli italiani non volevano/vogliono farli.

Dopo 50 minuti di strada, Lucero era arrivata/arrivò al lavoro e la mamma della bimba le diede un saluto. La donna era/era stata di solito scontrosa. Non si era fidata/si fidava neanche della sua ombra e tanto meno se gli altri erano stati/erano di origini diverse ed avevano avuto/avevano la pelle marrone, quel marrone che paradossalmente la signora, bionda e sempre pallida, cercava/aveva cercato sotto le lampade da cento watt. Tante volte la donna aveva criticato/ha criticato il governo perché non frenava l'immigrazione, tante volte la bionda si era vantata di essere una cittadina corretta, alla fine però optava/aveva optato per il "più nero, più bello". Facendo lavorare in nero* le baby sitter. Essendo da poco in Italia, per Lucero parlare fluidamente l'italiano era ancora difficoltoso e si era vergognata/si vergognava continuamente. Cercando di proteggersi dal freddo fece scivolare la sua mano in tasca e trovò un cioccolatino dimenticato che le fece pensare che la vita era come quel fondente, ogni tanto amara... ogni tanto dolce. Improvvisamente lo squillo del suo telefonino la fece saltare. La chiamavano/avevano chiamata da una delle case editrici dove ha presentato/aveva presentato alcuni dei suoi articoli, per informarla che uno sarebbe stato/era stato pubblicato nella prossima edizione di una rivista italiana. Lucero, con il sorriso in faccia, diede un morso al cioccolatino. Aveva assaggiato/Assaggiava qualcosa di dolce.

da Angela Roi Pinto,
Come un cioccolatino, in *www.stranieriinitalia.it*

---

* lavorare in nero: lavorare in modo clandestino e senza protezione legale.

3 Completa le frasi con il trapassato prossimo. Poi associa le frasi ai disegni.

1. Mi hanno rilasciato il permesso di soggiorno dopo che *(esibire)*

_____

il visto d'ingresso alla Questura.

2. Prima di ottenere il permesso di soggiorno *(portare)*
_____ all'ufficio stranieri tutti i documenti che mi *(richiedere)*
_____.

3. Prima di ottenere il visto il mio datore di lavoro *(spedire)* _____ la documentazione all'ambasciata italiana del mio paese che me l'*(fare)*
_____ recapitare a casa.

4. Il mio datore di lavoro *(andare)*
_____ all'ufficio stranieri della sua città e *(chiedere)*
_____ il nulla osta alla concessione del visto.

5. Il mio datore di lavoro prima *(recarsi)*
_____ all'Ufficio provinciale del lavoro e *(avviare)* _____
le procedure della richiesta del mio visto d'ingresso.

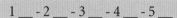

1 __ - 2 __ - 3 __ - 4 __ - 5 __

1 Separa le parole e forma i modi di dire.

1. FARSIINQUATTRO	6. LAPROVADELNOVE
_____	_____

2. INQUATTROEQUATTROTTO	7. UNQUARANTOTTO
_____	_____

3. DIRGLIENEQUATTRO	8. QUATTROGATTI
_____	_____

4. AVEREFATTOTRENTAEFARETRENTUNO	9. SPARAREAZERO
_____	_____

5. FAREDUEPIÙDUE	10. ILNUMEROUNO
_____	_____

2 Indica i significati dei modi di dire dell'esercizio 1, come nell'esempio.

a. una situazione caotica	
b. *rimproverare qualcuno*	3
c. accusare violentemente qualcuno	
d. darsi molto da fare	
e. fare l'ultimo sforzo per raggiungere lo scopo	
f. la conferma di qualcosa	
g. poche persone	
h. rapidamente	
i. il migliore	
l. fare una facile deduzione	

3 A quale dei modi di dire dell'esercizio 1 si riferisce questo disegno?

4 Completa le frasi con i modi di dire dell'esercizio 1, facendo le necessarie modifiche.

1. Ieri avevo a cena venti persone, _____ e alla fine sono riuscito a far mangiare tutti.

2. Mio marito mi aveva promesso che avrebbe lavato i piatti, invece sono ancora sporchi, nel lavandino, quando rientra _____ , voglio vedere se cambia atteggiamento.

3. Maurizio non ha autocontrollo, te l'ho sempre detto, e il giorno del congresso abbiamo avuto _____ quando ha urlato anche davanti al direttore!

4. Ho molta fretta: _____ preparo la valigia e corro all'aeroporto.

5. Ma che cos'è questo caos!? Guarda che disastro, è _____.

6. Speravo tanto di vedere molta gente a quel concerto, invece c'erano _____; forse dovevamo organizzarlo nel fine settimana...

7. I giornali _____ sul concerto di ieri. Hanno scritto che il direttore d'orchestra era mediocre e la sua orchestra decisamente dilettantesca.

8. Dai, non ti demoralizzare, manca poco alla fine di questo lavoro, _____ , sarebbe un peccato lasciare tutto adesso.

9. Marco è bravissimo, secondo me è _____ nel suo campo lavorativo.

10. Prova a ragionare un po', basta che _____ , e ti renderai conto di chi ti è amico e di chi no.

Grammatica

1 Completa l'articolo con i verbi al futuro semplice o al futuro anteriore.

Dipendenti da Facebook?
Sciopero della tastiera per un weekend

ROMA - È un giorno tranquillo, tutto fila liscio. Apri la tua casella di posta. Un amico ti ha scritto. Ma nell'oggetto della mail c'è qualcosa di strano. Il senso è: "il tuo amico... ti ha invitato su Facebook". Facebook chi? Leggi i primi risultati in italiano che Google ti offre: "Facebook è uno strumento sociale che collega tra loro gli amici e le persone che lavorano, studiano o vivono insieme". Strumento sociale, amici, lavoro. Interessante.
Accetti l'iscrizione. Benvenuto su Facebook!
(Emozionarsi) _____ a trovare i compagni del liceo! *(Cercare)* _____ il nome del tuo primo amore (quello che ti faceva tremare le gambe) e *(vedere)* _____ che nel suo status c'è la parola "single". Sì, Facebook ti *(piacere)* _____. Allora inizierai a coinvolgere altri amici e colleghi. Lo stesso *(fare)* _____ loro.
Un giorno però aprirai la posta e troverai amici di amici di colleghi di amici che vogliono diventare tuoi amici. A qualcuno dirai sì. Ad altri dirai no. Ma, dopo che il tizio che tu *(rifiutare)* _____, che tra l'altro non conosci, ti *(tempestare)* _____ di mail, cederai. Anche perché le scuse ("scusa... la tua mail è andata a finire nella cartella di spam...") a quel punto *(finire)* _____.
Dopo qualche giorno *(ritrovarsi)* _____ con una quarantina di amici sconosciuti, che *(spiare)* _____ i tuoi stati d'animo, le tue discussioni "private" con amici. Ma ormai *(appassionarsi)* _____ già _____. Il mio ex che sta facendo? La mia collega di chi sta sparlando? Ma quei due sono amanti? Facebook *(diventare)* _____ già _____ una droga dalla quale sarà difficile disintossicarsi. C'è chi non ce la fa più e vuole dire no alla dipendenza da Facebook e ha proposto uno sciopero il 22 e il 23 novembre. Deni Feb, studente dell'università di Bologna, scrive: "Per 24 ore *(dimostrare)* _____ che Facebook non ci ha ancora lobotomizzato e che siamo ancora capaci di riprendere in mano la nostra vita!". Seguono incitamenti tipo "Yes we can!" Uniti!. Intanto il gruppo ha raggiunto 4.603 iscrizioni.

da *www.ilmessaggero.it*

2 Completa il testo con i verbi della lista coniugati al futuro semplice o al futuro anteriore. I numeri tra parentesi ti suggeriscono due possibilità: scegli quella corretta per ogni verbo, come nell'esempio.

accettare / potere (1 e 3)   *compilare / potere (2 e 9)*   *imparare / vedere (4 e 7)*

configurare / consentire (5 e 10)   *essere / sapere (6 e 8)*

facebook.

Guida introduttiva

| Centro assistenza | Per iniziare | Sicurezza |

Trova i tuoi amici

Configura un profilo

Esplora Facebook

E adesso?
Quando i tuoi amici ¹· *avranno accettato* le tue richieste di amicizia, ²·_____ iniziare a esplorare Facebook e interagire con loro.
Visita i profili dei tuoi amici
Visita i profili dei tuoi amici. ³· *Potrai* vedere le informazioni che hanno inserito su se stessi, quali applicazioni hanno aggiunto e i messaggi lasciati sulla loro bacheca dagli amici. Visita la scheda Foto e ⁴·_____ tutte le foto di un tuo amico disponibili su Facebook.
Probabilmente ⁵·_____ già _____ alcune parti del tuo profilo, adesso dedicati a descrivere i tuoi interessi e ciò che ti piace. In questo modo i tuoi amici ⁶·_____ più cose di te.
Carica le tue foto
Facebook è il numero uno tra i siti Internet che permettono di condividere le foto.
Gli album fotografici possono essere condivisi facilmente sia su Facebook che altrove. Una volta caricate le immagini, ⁷·_____ a "taggare" te stesso e i tuoi amici, così ⁸·_____ facile risalire a tutte le foto in cui ci sei tu.
Trova i tuoi amici
Scopri tutte le cose divertenti che potrai fare quando ⁹·_____ la lista dei tuoi amici.
Facebook ti ¹⁰·_____ di rimanere in contatto con amici vecchi e nuovi.

3 Inserisci nella chat le frasi a destra, ma riscrivile usando il futuro semplice o anteriore, come nell'esempio.

Indovina chi ha chiesto la mia amicizia su Facebook?

Ma va', quello ². _____

È stato Attilio a chiedermela.

Proprio lui.

Boh... al posto della foto c'è un disegno di Batman. Però dice che è single.
4. _____ ?

Dici? Io un po' curiosa sono, non ho ancora deciso se accettare l'amicizia. In fondo se non ci sentiamo da 20 anni
6. _____

Ma non era noioso, un po' timido al limite, molto sensibile.
9. _____

o un musicista, allora studiava il piano...

Mamma mia, sei terribile! Va bene, ho capito, ignoro la sua richiesta, contenta?

Mm... vediamo un po'...
1. *sarà stato quello sfigato* che ti guarda sempre a mensa!

Ma chi? Quello con cui stavi al liceo?

Mi chiedo ³. _____

Batman? Pessimo segno,
5. _____
o un fanatico dei fumetti, o peggio tutt'e due.

Se mi ricordo era un secchione* noiosissimo.
7. _____
_____ e ora ⁸.
_____

Commercialista, ne sono certa.
10. _____ a 25 anni,
11. _____ a 26
12. _____ e a 27 la moglie, morta di noia, ¹³. _____

Ecco, brava!

1. *probabilmente è stato quello sfigato**

2. forse non sa neanche come mi chiamo!

3. come può essere diventato.

4. può essere vero poi?

5. probabilmente è un mostro

6. un motivo ci deve essere!

7. ha probabilmente studiato economia

8. probabilmente fa il commercialista.

9. forse è uno psicologo

10. probabilmente si è laureato col massimo dei voti,

11. probabilmente ha cominciato a lavorare,

12. probabilmente si è sposato

13. probabilmente l'ha lasciato per l'acrobata di un circo.

---

* sfigato: persona sfortunata e poco considerata dagli altri.
** secchione: uno studente che studia dalla mattina alla sera e non fa nient'altro.

Lessico

Sapere, conoscere e potere

1 Completa il dialogo con i verbi *conoscere* o *sapere*.

Anna: Da quanto tempo vi _____?

Paolo: Con Giacomo, da quando andavamo a scuola insieme, Flaminia invece l'_____ due anni fa in montagna.

Anna: Ah, e dove andate a sciare?

Paolo: Di solito sulle Dolomiti, ma ci piace cambiare ogni anno per _____ posti nuovi. Perché non vieni anche tu con noi?

Anna: Eh, mi piacerebbe, ma non scio da tanti anni, non _____ se mi ricordo.

Paolo: Non ti preoccupare, andare sugli sci è come andare in bicicletta, se ci _____ andare a dieci anni, ci _____ andare anche a trenta.

Anna: Ah, bene, allora se decidiamo di andare passiamo dal mio amico dell'agenzia di viaggi, magari ci _____ dare qualche consiglio. Se si prenota prima si può avere uno sconto.

Paolo: Perché no, chiamalo e fammi _____.

2 Completa le frasi con i verbi *conoscere, sapere* e *potere*.

3 Inserisci i verbi *sapere*, *potere* e *conoscere* al posto giusto nelle domande e nelle risposte, come nell'esempio. Attenzione: possono mancare uno o due verbi in ogni frase. Poi scrivi il numero delle risposte vicino alla domanda corrispondente.

Domande	Risposte
possiamo **a.** (noi) cosa regalare a Giacomo per il suo compleanno?	n. _1_ e n.___
b. come è finita la partita ieri sera?	n.___ e n.___
c. scusi, mi dire cosa c'è scritto qui?	n.___ e n.___
d. (tu) nuotare?	n.___ e n.___

1. *so* / *posso* che aveva bisogno di una sciarpa, ci andare io perché c'è un negozio vicino all'ufficio che ne ha di bellissime!

2. purtroppo non l'inglese, non aiutarla.

3. così così. Non tutti gli stili, ma stare in acqua senza annegare!

4. non lo, non seguo il calcio, non nemmeno le squadre!

5. male, vincere perché siamo più forti; invece non sfruttare tante occasioni per fare goal e abbiamo pareggiato!

6. mi dispiace, sono senza occhiali, non leggere.

7. che voleva una macchina fotografica digitale, ma non se quella che ho visto su internet gli va bene.

8. sì, nuotare abbastanza bene, ma oggi non perché mi fa male un braccio.

5 Condizionale composto

1 Completa il testo con i verbi al condizionale composto, come nell'esempio. Poi associa il numero dei paragrafi ai disegni.

Il delitto PASOLINI

Pier Paolo Pasolini (Bologna 5 marzo 1922 - Roma 2 novembre 1975) è stato scrittore, poeta e regista. Dotato di un'eccezionale versatilità culturale, si è distinto in numerosi campi, lasciando contributi come poeta, linguista, giornalista e cineasta. Attento osservatore della trasformazione della società dal dopoguerra sino alla metà degli anni settanta, ha suscitato spesso forti polemiche e accesi dibattiti per la radicalità dei suoi giudizi. Finì brutalmente assassinato. Ecco la ricostruzione della sua morte.

1. La sera del primo novembre 1975 Pasolini si era recato con Pino Pelosi, che aveva conosciuto nei pressi di piazza dei Cinquecento, alla trattoria "Biondo Tevere", vicino San Paolo.

2. Dopo cena, l'auto del poeta, secondo la ricostruzione della polizia, (prendere) *avrebbe preso* la via che conduce a Ostia. Lì, nella zona dell'Idroscalo, Pelosi (picchiare) _____ Pasolini e poi l' (investire) _____ _____ con l'auto.

3. Con quella stessa automobile, dopo aver ammazzato Pasolini, Pelosi scappa, ma viene fermato da una pattuglia di carabinieri.

4. Questi sono i fatti nella loro versione ufficiale ma fin da subito il caso è destinato a suscitare molti dubbi e perplessità. Per molti Pelosi non (essere) _____ solo quella notte. Importanti firme del giornalismo porteranno avanti inchieste per chiarire le circostanze di questa morte.

5. La sentenza (arrivare) _____ _____ soltanto l'anno dopo, nel 1976, e (condannare) _____ Pelosi a 9 anni di reclusione per omicidio "in concorso con ignoti". La condanna verrà poi confermata in Appello e in Cassazione, dove però scomparirà il "concorso con ignoti".

6. Il vero colpo di scena arriverà nel 2005, quando Pino Pelosi, dopo aver scontato la sua pena, ospite ad una trasmissione televisiva, si proclama innocente e dichiara di aver agito in questo modo perché "persone molto influenti" (minacciare) _____ di morte lui e la sua famiglia.

da *www.rai/lastoria.it*

1 __ - 2 __ - 3 __ - 4 __ - 5 __ - 6 __

2 Completa il testo con i verbi della lista, come nell'esempio. Sulle righe _____ i verbi sono al condizionale composto mentre in quelle .... al trapassato prossimo. I verbi non sono in ordine.

avvertire   chiedere   diffondersi   dirigersi   *essere*   rispondere

fare   morire   notare   ricevere   rivelare

MISTERIOSA MORTE A VENEZIA

VENEZIA - Misteriosa morte di un uomo di circa quarant'anni. La Procura di Venezia ha aperto un'inchiesta per far luce sulle cause di un decesso che presenta molti lati oscuri. Il corpo senza vita di un uomo, di cui non si conosce ancora l'identità, è stato ritrovato vicino al Ponte dei Pugni.

Tutta la vicenda è avvolta nel mistero e al momento non ci sono state dichiarazioni ufficiali degli inquirenti.

Secondo indiscrezioni, non ancora confermate, a fare la scoperta *sarebbe stato* un turista inglese che _____ il corpo nel canale e _____ la polizia. In tarda mattinata .... la notizia che l'uomo .... per annegamento e questo .... pensare in un primo momento ad un fatale incidente, ma già nel primo pomeriggio prendeva corpo l'ipotesi dell'omicidio perché, secondo le indiscrezioni di alcuni medici, nel sangue della vittima, l'autopsia _____ la presenza di tracce di un potente veleno vegetale. Inoltre alcune voci affermano che il magistrato incaricato delle indagini _____ all'istituto di Medicina Legale un'ulteriore indagine sul cadavere per accertare con sicurezza le cause del decesso. Resta comunque ancora oscura l'identità dell'uomo che sembrerebbe di nazionalità tedesca. Secondo alcuni testimoni, la sera prima della tragedia, l'uomo _____ una telefonata sul cellulare alla quale _____ in tedesco, dopodiché, _____ velocemente verso piazza San Marco.

da *www.gazzettino.it*

3 Completa gli articoli con i verbi della lista al condizionale semplice o composto. I numeri tra parentesi ti suggeriscono due possibilità: scegli quella corretta per ogni verbo, come nell'esempio.

sparare / essere (1 e 9) *scoppiare / scappare* (2 e 7) *trattarsi / morire* (3 e 12)

accertare / avvistare (4 e 11) *aggirarsi / potere* (5 e 10) *partire / fare* (6 e 8)

PALERMO - Stava lavorando come ogni giorno al banchetto di frutta e verdura che gestiva con il fratello, quando gli hanno sparato. Pietro Lo Bianco, 26 anni, fruttivendolo, è stato raggiunto da almeno due proiettili ed è crollato a terra. Inutile il trasporto all'ospedale Civico di Palermo: il giovane è morto poco dopo, in quello che, secondo i carabinieri, sarebbe un omicidio di stampo mafioso. Due killer [1.] *avrebbero sparato* con la pistola ad una distanza di circa 3 metri e poi [2.] _____ a bordo di un'auto.

da *www.repubblica.it*

AVELLINO - Una pantera [10.] _____ _____ per l'Irpinia. Polizia e carabinieri si stanno dedicando alla ricerca dell'animale. Un contadino [11.] _____ la pantera due volte in un campo coltivato a tabacco. [12.] _____ di un animale di taglia piuttosto grande e dal pelo molto lucido. La polizia di Avellino ha accertato che in zona non ci sono circhi. Quindi non si esclude che la pantera si sia allontanata da qualche abitazione.

da *www.repubblica.it*

BERGAMO - [3.] _____ _____ strangolata Anna R., l'anziana trovata senza vita due giorni fa nella cucina della sua abitazione a Bergamo.
Lo [4.] _____ l'autopsia, eseguita ieri sera, che avrebbe fissato la morte al giorno prima del ritrovamento. Per gli investigatori dei carabinieri il delitto [5.] _____ essere collegato alla scomparsa di diversi oggetti d'oro e piccoli gioielli che la donna teneva in casa. Non è escluso che l'assassino possa essere una persona che la vittima conosceva e che [6.] _____ entrare tranquillamente nella sua abitazione, visto che la porta d'ingresso non presentava alcuna effrazione.

da *www.ecodibergamo.it*

PORTO MARGHERA - Secondo alcuni operai testimoni del fatto, l'incendio che ha distrutto la nave in costruzione nei cantieri di Porto Marghera [7.] _____ durante una fase di lavorazione. L'incendio [8.] _____ da una delle cabine. Secondo la società costruttrice il disastro [9.] *sarebbe stato* la conseguenza di un errore umano.

da *www.unita.it*

Aggettivi figurati e letterali 5

1 Collega gli aggettivi alla definizione corrispondente, come nell'esempio.

1. *una brava donna*	a. capace, abile
2. una dottoressa brava	b. sfortunata
3. una povera donna	c. con pochi mezzi economici
4. una nazione povera	d. *onesta, seria*
5. una sola idea	a. anziana, di età avanzata
6. una ragazza sola	b. che conosco da tanti anni
7. una vecchia amica	c. senza amici, senza compagnia
8. una signora vecchia	d. solamente una
9. un bambino alto	a. appena comprato
10. un alto funzionario	b. ancora un altro
11. un nuovo cellulare	c. di statura, di fisico
12. un pantalone nuovo	d. che ha una carica importante
13. una domanda semplice	a. facile
14. una semplice affermazione	b. sicura, evidente
15. una certa situazione	c. specifica, particolare
16. una notizia certa	d. di poco conto, innocente
17. un'amara situazione	a. difficile
18. un caffè amaro	b. realmente accaduto
19. un fatto vero	c. sincero, di cui ti puoi fidare
20. un vero amico	d. con poco zucchero

2 Completa il dialogo con gli aggettivi della lista. Decidi se vanno prima o dopo il nome. Attenzione: gli aggettivi sono in ordine.

povera   nuova   certe   sola   vecchio

Aldo: Ma cosa è successo a Carla?

Giulio: Ah, guarda, _____ donna _____, le hanno rubato la _____
        macchina _____ e quando è andata a fare la denuncia si è ricordata
        che aveva lasciato il portafogli sul sedile...

Aldo: Ma non mi dire...! È incredibile, si trova sempre in _____ situazioni
        _____... così difficili, mi dispiace tanto per lei, è anche una _____
        donna molto _____. Come possiamo aiutarla?

Giulio: Possiamo invitarla a cena da me e chiamiamo subito quel suo _____
        amico _____, come si chiama?... Crescenzo, Coriolano...?

Aldo: Ah, sì, hai ragione si chiama Crescenzo, lei dice sempre che si conoscono dal
        liceo, mi sembra una cosa carina da fare per lei.

3 Completa le frasi con gli aggettivi dell'esercizio 1, mettendoli prima o dopo il nome, come nell'esempio.

1. ◆ Papà ho bisogno di un _____✕_____ computer *nuovo*, quello vecchio non si può più riparare.

    ■ Un *nuovo* computer _____✕_____ ? Non ci posso credere, ne avevi comprato uno due settimane fa!

2. Chiacchieravo con Stefano, ma quando gli ho fatto una _____ domanda _____ sul lavoro, si è rattristato e mi ha detto che le cose non vanno bene.

3. Non ho saputo rispondere anche se era una _____ domanda _____, non avevo proprio studiato.

4. Marta diceva sempre che suo marito era proprio un _____ uomo _____, sempre pronto ad aiutare tutti.

5. Si vede che è un _____ uomo _____ a usare il trapano, sa fare questo tipo di lavori, appena è arrivato ha sistemato tutta la casa.

6. Che sfortuna, _____ ragazzo _____, proprio il giorno della gara si è rotto il piede.

7. Ieri in metro ho visto un _____ ragazzo _____ che cantava ad alta voce, ma non chiedeva l'elemosina.

8. So che Riccardo è diventato un _____ funzionario _____ di quella banca, infatti lavora sempre col direttore.

9. Sono andato al Ministero degli Esteri e c'era un _____ funzionario _____, ma così alto che gli arrivavo al petto, per parlare con me si doveva abbassare!

10. Anche questa _____ esperienza _____ lo aiuterà a capire che non ci si comporta così.

11. Mio zio beve solo _____ caffè _____ .

12. Ho letto che quel film racconta una _____ storia _____ .

13. In quell'occasione Angela mi ha dimostrato di essere una _____ amica _____, mi ha aiutato e ha trovato le parole giuste per starmi vicino.

Grammatica

1 Leggi il testo e completa i verbi al passato remoto, come nell'esempio.

Breve storia della FIABA

Le origini della fiaba sono popolari; prima di diventare genere letterario, la fiaba vi_sse_ come mezzo di tradizione orale di principi e valori quotidiani tra le più diverse culture primitive. Fin dai tempi dei Greci e dei Romani trov____ larga diffusione l'uso di raccontare fiabe, i cui protagonisti erano animali "pensanti" e " parlanti" (gatto, topo, lupo, pecora, ecc.), che avevano lo scopo di "educare" a comportarsi secondo le regole accettate dalla maggioranza delle persone.

Dalla tradizione popolare e orale, le fiabe, alla fine del Rinascimento, iniziar____ a diffondersi negli ambienti aristocratici e intellettuali. Diversi scrittori incominciar____ a rielaborare le fiabe e le trascriss____ usando un linguaggio più raffinato, aggiungendo nuovi episodi e, spesso, inventandone di nuove.

Nacq____ così la fiaba d'autore che diven____ un vero e proprio genere letterario. Fra gli autori più famosi di fiabe ci f____ in Italia Giambattista Basile che, nel XVII secolo, scris____ "Il Pentamerone" o "Lo cunto de li cunti", in cui rielabo____ in dialetto napoletano cinquanta fiabe popolari; in Francia Charles Perrault scris____ nel XVII secolo "I racconti di Mamma l'Oca", ispirandosi a motivi popolari. Fra le più conosciute trascrizioni di fiabe ci f____ quelle di ambiente arabo, raccolte nel XVIII secolo in "Le mille e una notte", le fiabe tedesche riscritte dai fratelli Jakob e Wilhelm Grimm nel XIX secolo e le fiabe italiane che Italo Calvino tradu____ dai diversi dialetti italiani nel 1956. Oggi l'eredità della fiaba si può trovare nei racconti fantastici, nelle storie di fantascienza, fantasy e horror, ma soprattutto nella narrativa per ragazzi.

da *www.lefavole.org*

2 Completa la tabella con il passato remoto dei verbi.

	Avere	Fare	Dare	Stare	Conoscere	Vincere	Prendere
Tu				*stesti*			
Loro	*ebbero*						
Io			*diedi/detti*				*presi*
Lui/Lei		*fece*					
Noi					*conoscemmo*		
Voi						*vinceste*	

3 Completa la fiaba con i verbi della lista al passato remoto. I numeri tra parentesi ti suggeriscono due possibilità: scegli quella corretta per ogni verbo, come nell'esempio. Poi abbina i paragrafi del testo ai disegni.

incontrare / dire (1 e 9)   *sapere / dire (2 e 15)*   *restare / presentarsi (3 e 16)*

avere / rispondere (4 e 14)   *andare / chiamare (5 e 10)*   *andare / presentarsi (6 e 13)*

fare / ringraziare (7 e 12)   *prendere / dire (8 e 11)*

Nerone e Berta

1. Questa Berta era una povera donna che non faceva altro che filare, perché era una brava filatrice. Una volta strada facendo ¹· *incontrò* Nerone, imperatore romano e gli ²·_____: "Che Dio ti possa dare tanta salute da farti vivere mille anni". Nerone, che nessuno lo poteva vedere tant'era cattivo, ³·_____ stupito a sentire che c'era qualcuno che gli augurava di vivere mille anni, e ⁴·_____: "E perché mi dici così, buona donna?". "Perché dopo uno cattivo ne viene sempre uno peggiore". Nerone allora le fece: "Be', tutto il filato che farai da adesso a domani mattina, portamelo al mio palazzo". E se ne ⁵·_____.

2. Berta, filando, diceva tra sé: "Che ne vorrà fare di questo lino che filo? Basta che domani quando glielo porto non lo usi come corda per impiccarmi alla forca! Da lui, c'è da aspettarsi di tutto!".

3. Ecco che la mattina, puntuale, ⁶·_____ al palazzo di Nerone. Lui la ⁷·_____ entrare e ⁸·_____ tutto il lino che aveva filato, poi le ⁹· *disse*: "Lega un capo del gomitolo alla porta del palazzo e cammina fino a che è lungo il filo". Poi ¹⁰·_____ il maggiordomo e gli ¹¹·_____: "Per quanto lungo è il filo, la campagna di qua e di là della strada, è tutta di questa donna".

4. Berta lo ¹²·_____ e se ne ¹³·_____ tutta contenta. Da quel giorno in poi non ¹⁴·_____ più bisogno di filare perché era diventata una signora. Quando la cosa si ¹⁵·_____ in giro, tutte le donne che erano povere ¹⁶·_____ a Nerone sperando anche loro in un regalo come quello che aveva fatto a Berta. Ma Nerone rispondeva: "Non è più il tempo che Berta filava".

da Italo Calvino, *Fiabe italiane*, Einaudi, 1956

1 __ - 2 __ - 3 __ - 4 __

1 Associa le parole della lista ai verbi *vedere* e *guardare*, come nell'esempio.

più in là del proprio naso | dall'alto in basso | più in faccia | di buon occhio

in faccia nessuno | *doppio* | in cagnesco | le stelle | chiaro | l'ora

il bicchiere mezzo pieno | tutto nero | il bicchiere mezzo vuoto

vedere {		guardare {
vederci { *doppio*		
non vedere {		non guardare {

2 Scegli l'espressione corretta.

1. Non mi piace uscire con Paola, è molto snob, mi **guarda dall'alto in basso/vede tutto nero** e non mi fa sentire a mio agio.
2. Basta **vedere tutto nero/guardare dall'alto in basso**! Capisco che sei arrabbiato perché non sei andato bene all'esame, ma stai per laurearti, non ti lamentare sempre!
3. Sono caduto dalla bicicletta e **ho visto le stelle/non ho visto l'ora**.
4. Che bello, tra un po' arriva l'estate, **non vedo l'ora/non vedo le stelle** di andare al mare.
5. Mi piace stare con lei, perché sa trovare il bello in tutte le cose, sa **vedere il bicchiere mezzo pieno/vedere di buon occhio** anche nei momenti più difficili!
6. Ha fatto molta strada in azienda perché è **visto di buon occhio/vede il bicchiere mezzo pieno** da tutti.
7. C'è qualcosa che non mi convince, in questa storia non riesco a **vederci chiaro/vederci doppio**.
8. L'alcool mi fa male. Quando bevo troppo, inizio subito a **vederci doppio/vederci chiaro**.
9. Da quando hanno litigato **non si guardano più in faccia/si guardano in cagnesco**, hanno chiuso completamente ogni contatto, come se non si fossero mai conosciuti.
10. Ma che ti ha fatto Ugo per farti arrabbiare così tanto? È tutta la sera che **lo guardi in cagnesco/non lo guardi più in faccia**.
11. Intelligente? Io ho sempre detto che **non vede più in là del proprio naso/vede il bicchiere mezzo vuoto**! È bravissimo in disegno, ma sa solo copiare, non riesce a creare nulla!
12. Non mi piace uscire con lui, non è mai contento, **vede sempre il bicchiere mezzo vuoto/non vede più in la del proprio naso**.

Concordanze • Indicativo

1 Leggi il testo e scrivi in ogni riquadro il verbo che si riferisce al momento
storico, come negli esempi. Attenzione: ad ogni spazio corrisponde un verbo.

L'inizio della Seconda
GUERRA MONDIALE

Il 21 giugno 1940 l'esercito italiano attacca le forze francesi, anche se il 17 giugno i
francesi si sono già arresi alla Germania. L'azione italiana provocherà molta
indignazione nell'opinione pubblica internazionale, tanto che il presidente americano
Roosevelt la definirà una "pugnalata alla schiena".

L'Italia decide di attaccare la Francia quando la guerra mondiale è cominciata da meno
di un anno. Il primo settembre 1939 l'esercito di Hitler ha attaccato e sconfitto
rapidamente la Polonia e il 10 maggio 1940 ha invaso i Paesi Bassi e il Belgio. I tedeschi,
passando per la Foresta delle Ardenne, hanno aggirato la linea Maginot e sconfitto la
Francia in soli cinque giorni.

Mussolini all'inizio delle ostilità mantiene la neutralità, ma dopo le rapide vittorie di
Hitler e soprattutto dopo il crollo dell'esercito francese, pensa che schierandosi con la
Germania otterrà notevoli vantaggi. Così, il 10 giugno del 1940, Mussolini, in un famoso
discorso, annuncia che l'Italia è entrata in guerra.

adattato da *http://it.wikipedia.org/wiki/Seconda_guerra_mondiale*

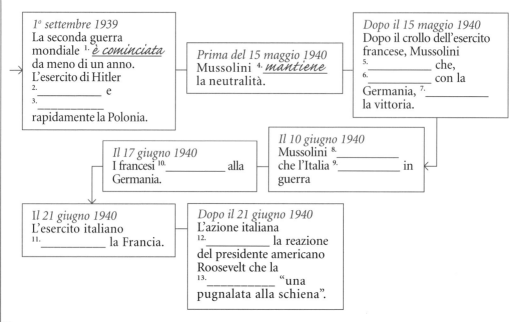

1° settembre 1939
La seconda guerra
mondiale 1. *è cominciata*
da meno di un anno.
L'esercito di Hitler
2. _____ e
3. _____
rapidamente la Polonia.

Prima del 15 maggio 1940
Mussolini 4. *mantiene*
la neutralità.

Dopo il 15 maggio 1940
Dopo il crollo dell'esercito
francese, Mussolini
5. _____ che,
6. _____ con la
Germania, 7. _____
la vittoria.

Il 17 giugno 1940
I francesi 10. _____ alla
Germania.

Il 10 giugno 1940
Mussolini 8. _____
che l'Italia 9. _____ in
guerra

Il 21 giugno 1940
L'esercito italiano
11. _____ la Francia.

Dopo il 21 giugno 1940
L'azione italiana
12. _____ la reazione
del presidente americano
Roosevelt che la
13. _____ "una
pugnalata alla schiena".

2 Trasforma al passato il testo dell'esercizio 1, come nell'esempio.

Il 21 giugno 1940 l'esercito italiano **attaccò** *le forze francesi ...*

3 Completa i riquadri con i verbi del nuovo testo che hai scritto, come nell'esempio.

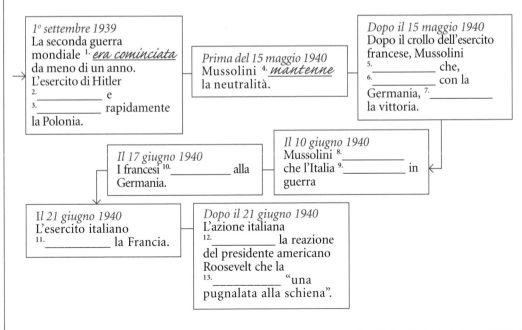

1° settembre 1939
La seconda guerra mondiale 1. *era cominciata* da meno di un anno. L'esercito di Hitler 2. _____ e 3. _____ rapidamente la Polonia.

Prima del 15 maggio 1940
Mussolini 4. *mantenne* la neutralità.

Dopo il 15 maggio 1940
Dopo il crollo dell'esercito francese, Mussolini 5. _____ che, 6. _____ con la Germania, 7. _____ la vittoria.

Il 17 giugno 1940
I francesi 10. _____ alla Germania.

Il 10 giugno 1940
Mussolini 8. _____ che l'Italia 9. _____ in guerra

Il 21 giugno 1940
L'esercito italiano 11. _____ la Francia.

Dopo il 21 giugno 1940
L'azione italiana 12. _____ la reazione del presidente americano Roosevelt che la 13. _____ "una pugnalata alla schiena".

4 Confronta i tempi e i modi delle due successioni temporali e completa la tabella della concordanza temporale, come negli esempi.

Per esprimere nella frase secondaria...	un'azione **successiva** si usa:	un'azione **contemporanea** si usa:	un'azione **precedente** si usa:
Frase principale al presente indicativo	*il presente* 1. _____	*il gerundio* *il presente*	2. _____
Frase principale al passato	3. _____	*l'imperfetto* *stare + gerundio all'imperfetto*	4. _____

5 Scegli il verbo giusto nei due testi.

a. L'entrata in guerra

Il 10 giugno del 40 è **stata/era** una giornata nuvolosa. Erano tempi che non avevamo voglia di niente. Andammo alla spiaggia lo stesso, al mattino, io e un mio amico che si chiamava Jerri Ostero. Si sapeva che al pomeriggio **parlava/avrebbe parlato** Mussolini ma non era chiaro se si **sarebbe entrati/entrerà** in guerra o no.

da *Italo Calvino, Racconti - L'entrata in guerra*, Einaudi, 1954

b. Noi ragazzini nel giorno delle baionette

C'era tensione nell'aria, con tutto quello che **avveniva/era avvenuto** nei mesi precedenti e le notizie che **arrivavano/sarebbero arrivate** adesso da lassù, dai campi delle Argonne, la Grande Armée travolta, e Parigi che sta per cadere. Tutti là a ricevere le parole d'ordine del demiurgo, del grande condottiero. E lui è là a quel balcone, tutto vestito di nero, tronfio di vita e di orgoglio: "Combattenti di terra e di mare e dell'aria. Ascoltate!...". Oh, non gli fecero nemmeno terminare la frase: quel brontolio, sordo, come di un mare gonfio, che sottostava a tutti i suoi discorsi, **era esploso/esplodeva** come un boato, un rombo di grida, applausi, urla, canti. Capirai, con quell'esordio: "L'ora delle decisioni irrevocabili batte nel cielo della Patria!". E io **ero stato/ero** là, ancora in calzoni corti, una camicetta estiva, soffocato da tutti quei fiati, quei sudori, quelle voci, ero là, fra quella folla, e la sentii battere sul serio, in quel cielo azzurro di Roma, limpido, come le prime note di una grande sinfonia, l'ora solenne delle decisioni che fanno la storia di un popolo...

No, le altre parole non le fissai nella memoria, a che **era servito/serviva** d'altronde, se alla fine il Duce **pronunciava/aveva pronunciato** quella assoluta, che compendiava tutte quelle che conoscevamo! La guerra! Per la quale eravamo stati preparati dai primi anni dell'infanzia, con fucili e fuciletti. La guerra alla fine **arriverà/era arrivata**.

dall'articolo *10 giugno 1940: Noi ragazzi nel giorno delle baionette*, Corriere della sera, 7 giugno 2000

1 Scegli le espressioni corrette.

Dialogo filosofico - comico

Sandro: Che stai facendo?

Leo: Niente, non so fare niente.

Sandro: Ma che dici? **Fossi matto/Nemmeno per scherzo** dovresti pensarle certe cose!

Leo: Il fatto è che ho troppa scelta, la società moderna mi dà così tante opzioni possibili che non riesco a scegliere niente.

Sandro: **Va bene/Fa lo stesso** e allora?

Leo: Ho paura di fare la scelta sbagliata e poi pentirmene.

Sandro: Stai dicendo che preferiresti vivere in una società opprimente e totalitaria? Io non cambierei mai la nostra società democratica con una dittatura, **fossi matto!/va bene**.

Leo: **Fai un po' come ti pare/Sì, d'accordo**, detto così sembra facile, ma io invece di essere pieno di speranze vivo nel terrore, una paura che mi paralizza e che alla fine mi rende infelice. Sono immobilizzato dalla libertà di scelta.

Sandro: Ho capito, **fai un po' come ti pare/nemmeno per scherzo**, ma secondo me stai sopravvalutando il problema.

Leo: Bell'amico che sei, io che cercavo una risposta da te... Non importa, **sì d'accordo/fa lo stesso**, cercherò da un'altra parte.

Sandro: Lo potevi dire subito che volevi una mano a decidere: puoi fare un po' di pulizie in casa, a cominciare da quei piatti sporchi che da settimane sono nel lavandino.

Leo: Eccolo là, adesso mi sento soffocare.

2 Completa il dialogo con le espressioni della lista. Attenzione: c'è uno spazio in più.

buona idea   d'accordo   sì, è vero   condividere la tua idea

ma sei pazzo   non mi importa niente   nemmeno per sogno

Dialogo economico - comico

Sandro: È impressionante il numero di persone rimaste senza lavoro negli ultimi mesi, ormai siamo in una seconda grande depressione.

Leo: Se fosse così sarebbe meraviglioso.

Sandro: _____?!

Leo: No, ti assicuro che sono sano di mente, secondo te non è fantastica la situazione?

Sandro: Non è fantastico _____. Al contrario, è una tragedia!

Leo: Pensaci un attimo: io e te siamo già poveri e senza lavoro.
La crisi non farebbe altro che portare tutti gli altri al nostro livello.
Finalmente sarebbe una lotta alla pari.

Sandro: Sì, _____, saremmo tutti disoccupati, ma
_____ se gli altri sono poveri come me, l'importante
è riuscire a trovare un lavoro, e più c'è crisi e meno lavoro si trova, o no?

Leo: _____ ma aspetta un momento.
Hai pensato al fatto che siccome siamo abituati alla povertà, conosciamo già tutti i trucchi per sopravvivere: tutti i posti dove mangiare gratis, le stazioni più sicure dove dormire la notte, ecc.?

Sandro: In teoria potrei _____, ma noi che vantaggio concreto avremmo?

Leo: Beh! _____ Le donne sono attratte da chi offre una maggiore protezione. Invece di andare dietro a quelli con l'auto di lusso, saranno attratte da chi ha le scatolette di cibo per cani più buone. Nella nuova depressione comanderemmo noi.

Sandro: _____! E secondo te dovrei rallegrarmi per questo?

Leo: Solo perché c'è la depressione non vuol dire che bisogna essere depressi.

1 Completa il testo con i pronomi e le particelle pronominali della lista. Poi associa ad ogni paragrafo il disegno che meglio lo illustra.

> ci   ci   loro   mi   mi   mi   ne   ne   ne

L'amore si tradisce solo di corsa

1. Ogni tanto capita di tornare ai vecchi amori. Questa settimana _____ è venuta nostalgia della corsa e ho ripetutamente tradito la bicicletta (anche perché faceva un freddo cane e in bici _____ dovevo andare vestito come uno dei NOCS*, di scoperto avevo solo gli occhi).

2. La nostalgia _____ è venuta leggendo sull'ultimo numero di "Correre" che nell'ultimo anno sono stati quasi 25mila gli italiani che hanno portato a termine una maratona: _____ è dispiaciuto non essere tra _____ e mi è venuta voglia di riprovar_____.

3. _____ ho parlato con Marco Marchei, che di "Correre" è il direttore dopo essere stato un fortissimo maratoneta in gioventù, secondo il quale l'aumento rispetto all'anno precedente è stato del 14,8 per cento, un boom incredibile, soprattutto tra le donne.

4. Questo spiega il grande successo delle maratone in Italia (soltanto l'anno scorso _____ sono state disputate addirittura 63) e la presenza di tantissimi italiani nella madre di tutte le maratone, quella di New York (ben 2.002 italiani e italiane _____ hanno tagliato il traguardo).

da www.repubblica.it

1 __ - 2 __ - 3 __ - 4 __

---

* NOCS: (Nucleo Operativo Centrale di Sicurezza) gruppo speciale della Polizia di Stato specializzato nella lotta al terrorismo.

2 Completa il testo del post scegliendo i pronomi corretti.

Corro sempre e da qualche anno ho scoperto la maratona: **ci/la/ne** ho corse una ventina. Questo blog è dedicato a chi ha passione, a chi suda, a chi non vince mai, a chi sa che il traguardo è lontanissimo ma non molla, e alla fine in un modo o nell'altro **ci/lo/ne** arriva.

Leggo da una nota dell'agenzia Ansa: "Roma, presentata la XV edizione della *Maratona di Roma*, in programma domenica 22 marzo. Alla conferenza sono intervenuti, fra gli altri, il sindaco di Roma Gianni Alemanno e il governatore del Lazio Piero Marrazzo". Bene, Roma quest'anno sfiorerà i 15mila iscritti e **le/mi/ne** viene naturale fare un paragone con la maratona di Milano che di iscritti **ci/la/ne** ha in genere meno della metà. C'è un motivo? **Ce l'/Ce n'/Ci** si è più d'uno, credo. Nella capitale si corre in un periodo e con un clima migliore, la gente generalmente non **li/ne/ti** insulta e non **gli/ne/ti** tira le uova appresso, il percorso passa in buona parte nel centro storico e non fugge nelle periferie per paura di disturbare gli automobilisti. Ma c'è anche un'altra ragione importante. Le edizioni della *Milano - City marathon* **ci/le/ne** ho corse tutte e nove e, da giornalista, ho seguito tutte e nove le conferenze stampa di presentazione. Mai, dico mai, **ci/la/si** è presentato il sindaco per tenerla/ne/si a battesimo: né prima il sindaco Albertini (che pure correva) né ora la Moratti. Che conclusione **ci/gli/ne** dobbiamo trarre? Che la maratona di Milano non è una priorità per Comune e Regione. E se non **ci si/se la/se ne** occupano loro perché dovrebbero farlo/ne/si tutti quei milanesi che la domenica mattina restano bloccati in auto sul percorso? Ieri nella sala Giulio Cesare del Campidoglio a Roma c'erano tutti i politici che **ci/gli/ne** dovevano essere. Complimenti ad Alemanno e Marrazzo, Roma **ci/ne/si** crede e **ci/ne/si** credono anche i runners che infatti **ci/la/si** preparano ad invaderla.

Angelo scrive: 10 marzo 2009, 9:49

Perché non organizzare la maratona di Milano coinvolgendo altre province con arrivo in piazza Duomo? Cosa **ci/ne/ti** pensi?
ciao da Angelo

3 Completa il testo con in pronomi diretti, indiretti, riflessivi, con le particelle *ci* e *ne* e con i pronomi combinati.

La maratona di New York 2008

Racconto di viaggio
di Roberto Paolini

Una decina di anni fa decisi che un giorno anche io avrei partecipato alla maratona di New York. Molte volte ho rinviato la mia partecipazione, l'anno scorso, però, è scattata la molla, durante una serata in birreria con i miei amici Fausto e Michelangelo. "Ragazzi, il tempo passa, abbiamo 37 anni e il prossimo _____ avremo 38, dobbiamo decidere: o _____ andiamo ora, o non _____ andremo più". Deciso, si va alla maratona di New York 2008!!!

Un anno dopo, eccoci a New York a ritirare il pettorale con il numero. Nonostante le decine di migliaia di iscritti, in pochi minuti _____ siamo in possesso (il mio è il 39828).

Di maratone _____ sono tante nel mondo, ma questa è qualcosa in più. Tutti _____ tengono a partecipare, ma è anche innegabile che tutti _____ tengano a fare bene, ognuno con il suo obiettivo. Il mio è chiaro: primo, finir_____ sopravvivendo. Poi se sto sotto le 5 ore sono contento.

Durante la gara ogni tanto _____ guardiamo negli occhi, con i miei amici, e allora _____ diciamo, ridendo: "_____ sai che tutto questo _____ pagheremo, vero?". Ma non _____ importa... è troppo bello!

I chilometri passano, vediamo correre con noi i Blues Brothers, i Ghostbusters, una ragazza vestita da ape; è una festa, una grandissima festa. Passiamo un ragazzo italiano che è senza una gamba: sta facendo la maratona con le stampelle. Questo sì che è un eroe: di medaglie dovrebbero dar_____ tre, d'oro! E non è l'unico.

Al 35-36esimo km comincio ad aver male alle gambe, sono sull'orlo dei crampi. Ma non sono mai stato così certo in vita mia: arriverò al traguardo della maratona di New York, e _____ arriverò correndo.

Imbocchiamo la famosa 5th Avenue da nord. Qui c'è un tifo clamoroso, ma non _____ faccio caso: sono concentrato a conservare tutte le energie per correre!

Entriamo in Central Park, mancano circa 4 km. Qualcuno urla "2 miles, only 2 miles!!!", ma non _____ è bisogno, ho la certezza di arrivare.

Eccoci, 26esimo miglio, vediamo il traguardo! Un'ultima piccola salita e vedo mia moglie tra il pubblico (incredibile, con tutta la gente che c'è), _____ saluto, mi giro, mancano pochi metri, è fatta, È FATTA!

da *www.viaggiareliberi.it*

8 Diminutivi, accrescitivi, spregiativi

1 Completa il testo con le parole della lista.

il ditino del piedino

figuraccia

il pancino, il piedino, il ditino, il nasino

guantoni di lana per le sue manine

sederino, sederone

giornataccia

culetti, guanciotte, occhietti

ma mio papà ha un pisellone

tavolino, tavolone, tavolaccio

HOME   SOMMARIO   FIRME   INTERBLOG   ABBONATI   PDF   SHOP   FESTIVAL   OROSCOPO

Internazionale

ITALIA 24 agosto 2009

Il dolce stil novo di mio figlio

[...] Una delle cose che preferisco dell'italiano sono tutti quegli "-ino", "-one" e "-accio". È fantastico poter rendere piccolo, grande o brutto qualsiasi banalissimo oggetto, per esempio un tavolo (*tavolino, tavolone, tavolaccio*). In particolare mi sembra utile "-accio": mi diverte molto definire certe brutte giornate "una _____".

Ma mi è capitato anche di fare qualche _____ perché imparando l'italiano con mio figlio, sono abituata ad usare diminutivi per tutte le parti del corpo: _____.

Un giorno, quando sono andata dall'ortopedico, gli ho detto che mi faceva male _____, lui avrà pensato che avevo un dito

del piede particolarmente piccolo! Stessa figuraccia l'ho fatta in ufficio quando la nuova segretaria aveva freddo alle mani e io le ho offerto i miei

_____,

lei si è messa a ridere e ha accettato divertendosi molto e dicendo che le sue manine non erano tanto più piccole delle mie e che non aveva intenzione di fare a pugni. Allora ho capito di dover studiare le parti del corpo che non erano tutti _____,

boccucce... ma che il culetto si poteva chiamare anche sedere,
_____...
Sospetto che il mio uso frequente ed entusiastico dei suffissi abbia influenzato
mio figlio. Una volta - aveva 4 anni - stavamo pranzando dai miei suoceri,
quando a un certo punto hanno portato in tavola un piatto di piselli e Nico,
con grande sgomento di mia suocera, ha detto: "Io ho un pisellino,
_____!" Lei non si divertì.

adattato da *www.internazionale.it*

2 **Completa la filastrocca con le parole della lista e scrivi nella colonna a**
destra il significato, come nell'esempio.

gattina   codino   cucinotto

buchino   topolino   serataccia

Guarda _gattina_ corri in cucina
guarda il _____, si vede un _____!
Dietro al buchino c'è un _____!
Corri veloce, corri e vedrai
che in un boccone lo mangerai.

gattina: _piccola gatta_
codino: _____
cucinotto: _____
serataccia: _____

Ma se non corri nel _____
vedrai il topolino farà un bel casotto.
E quando il padrone a casa verrà
la _____ lui passerà,
ed è con te che si arrabbierà.

buchino: _____
topolino: _____

3 **Completa la tabella con i nomi, i diminutivi, gli accrescitivi e gli spregiativi che**
mancano, come nell'esempio. Attenzione: a volte sono possibili due diminutivi.

Nome (forma base)	Diminutivo	Accrescitivo	Spregiativo
fratello	_fratellino_	_fratellone_	_fratellaccio_
casa	casina / _____	_____	casaccia
_____	_____ / macchinetta	_____	macchinaccia
ragazzo	_____ / _____		_____
_____	libretto	librone	_____
	vecchietta / _____		_____
_____	borsetta	_____	_____
_____	gattino	_____	_____

1 Scegli i connettivi. Le lettere che corrispondono ai connettivi corretti formano il titolo del libro di Stefano Benni in cui si trovano le descrizioni dei seguenti animali fantastici.

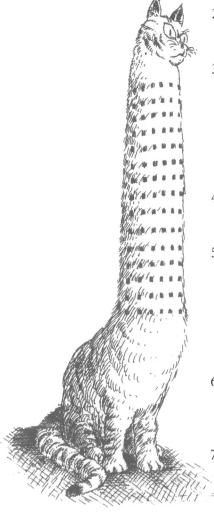

1. I Prontosauri comunicano tra di loro a grande distanza, **perciò (S)/cioè (T)** se ne vedete uno con la testa conficcata nella sabbia vuol dire che sta parlando di cose intime e non vuole essere disturbato.

2. Il Virgolo si trova sempre in mezzo ai branchi degli altri animali. Della stessa famiglia è il puntolo che **finché (A)/però (T)** si mette alla fine della fila.

3. Narra una leggenda che quando Dio creò i continenti in mezzo al mare, li disegnò con la riga e con la squadra. Furono **invece (R)/dopodiché (M)** i serpenti Rosicchiamondo, molto numerosi, a dare alle terre l'aspetto attuale **purché (E)/perché (A)** erano ghiottissimi di terra e mangiarono interi pezzi di continenti.

4. Il Gattocielo è un bellissimo gatto e **proprio (B)/dato che (N)** ha un collo lunghissimo può fare la serenata alla gatta sul tetto senza dover salire sul tetto.

5. Il Babonzo ha due paia di piedi orientati nelle opposte direzioni e **quindi (A)/visto che (I)** può camminare solo lateralmente. Unico al mondo questo animale rimpicciolisce **invece (L)/nonostante (F)** di crescere. **Perciò (A)/Finché (U)** il piccolo Babonzo pesa duecento chili mentre un Babonzo di cento anni è grande come un ditale.

6. Il Cervo Pomellato per le sue corna molto grandi e piene di ramificazioni è molto richiesto alle feste. Tutti **infatti (N)/cioè (T)** lo usano per attaccarci giacche e cappotti. Lui **ma (G)/però (D)** non si diverte molto.

7. È noto che i Camaleonti sono abilissimi a mimetizzarsi, **forse (S)/cioè (I)** a nascondersi prendendo lo stesso colore del fogliame su cui si trovano. Solo il Narcisoleonte si comporta diversamente, se si trova su una foglia verde diventa bianco a pallini rossi, fa **anche se (O)/insomma (A)** di tutto per farsi notare.

Il libro è __ __ __ __ __ __ __ __ __ __ __ __ __

2 Inserisci le espressioni della lista, aiutandoti con le loro funzioni nel testo, come nell'esempio.

allora   insomma   ma   addirittura   perché   però   e infine

Gli elefanti equilibristi

Il più bel momento dello spettacolo era il seguente: quattro elefanti ne prendevano un quinto con le loro proboscidi e lo sollevavano in alto. Il quinto elefante, afferrava con la proboscide un gatto e lo faceva rimbalzare come una palla. La gente non si stancava mai di ammirare quell'esercizio e si metteva a gridare a gran voce: "La piramide! Vogliamo la piramide!", *(ha il significato di "in quel momento")* <u>allora</u> il direttore del circo chiamava i cinque elefanti e lo spettacolo ricominciava. Dovete *(introduce un contrasto)* _____ sapere che il gatto era un terribile vanitoso. Quando la gente applaudiva si inchinava da tutte le parti: dritto sulla proboscide del quinto elefante, faceva le fusa, si arricciava i baffi, *(introduce la fine di un'azione)* _____ salutava con la coda. *(Ha il significato di "in poche parole")* _____, si prendeva tutta la gloria. Gli elefanti portavano pazienza e nemmeno gli rispondevano. Una volta il gatto pretese *(introduce un evento straordinario)* _____, alla fine dell'esercizio, di fare un discorso al pubblico. "Signore e signori – cominciò – vi prego di scusare questi cinque zucconi buoni a nulla, che non sono capaci di divertire. Per fortuna ci sono io e …" *(indica l'interruzione dell'azione)* _____ non fece i tempo a finire il discorso, *(introduce la spiegazione della frase precedente)* _____ l'elefante che lo reggeva sulla proboscide lo mandò a ruzzolare sul palco della banda. Il gatto finì nella bocca di un trombone, tra le risate del pubblico. E, finito lo spettacolo, scappò dal circo senza nemmeno farsi dare la paga.

da Gianni Rodari, *Zoo di storie e versi*, Einaudi ragazzi, 1995

3 Completa il testo con le espressioni della lista. I numeri tra parentesi ti suggeriscono due possibilità: scegli quella corretta per ogni espressione, come nell'esempio. Poi scegli a quale disegno corrisponde la descrizione del testo.

quindi / in quel momento (1 e 16)   quindi / e infine (2 e 7)

poi / in breve (3 e 13)   però / ma (4 e 5)   invece / prima (6 e 9)

ma / in fondo (8 e 11)   poi / quando (10 e 12)   ma / a questo punto (14 e 15)

Il Dragobruco

L'uomo attraversò la strada, [1.] *in quel momento* sentì sulla testa il prurito di una pioggerella, [2.]_____ raggiunse [3.]_____ tempo la luce gialla che faceva da cometa a una pensilina. Qui l'uomo coi libri sottobraccio trovò riparo insieme ad alcuni suoi simili. Un vecchio con un borsello e un miniombrello che [4.]_____ non si apriva più da un mese, [5.]_____ a cui si era affezionato, un filippino che [6.]_____ era tailandese, [7.]_____ una coppia di ragazzi recanti sulle spalle due zainetti scolastici gonfi come lo stomaco di un pitone sazio. Sembrava tutto tranquillo, [8.]_____ i demoni dell'autunno annunciarono un imminente rivolgimento. [9.]_____ fu un botto di tuono, [10.]_____ un lampo che fotografò un cielo da apocalisse, e uno scroscio oceanico di pioggia convinse tutti a stringersi sotto la pensilina. [11.]_____ alla strada si avvertì un grido rauco, e uscendo da una curva in leggera discesa apparve il drago bruco. Forando con gli occhi gialli la parete di nebbia, si avvicinò dondolando la testa mostruosa in direzione delle prede. Era lungo più di dieci metri, color rosso sangue, con sei zampe rugose su cui galoppava veloce tra le file di auto parcheggiate. [12.]_____ fu vicino alla pensilina, fece brillare a intermittenza un occhietto giallognolo sulla parte destra del muso, un osceno ammiccamento bramoso.

[13.]_____ si fermò con stridere di zanne davanti agli umani incapaci di fuggire, paralizzati dal terrore. [14.]_____, spalancò lentamente non una [15.]_____ tre bocche. Con due di esse ingoiò le vittime, dalla terza ne sputò fuori una evidentemente masticata e digerita, [16.] *quindi* chiuse di colpo le fauci e ripartì con un soffio satollo. Dietro a lui si mise a correre una ragazzina bionda con le trecce al vento e lo zainetto sulle spalle. Lo inseguiva urlando, lo colpì più volte col pugno.

Il mostro si arrestò, spalancò la bocca posteriore e ingoiò la temeraria.

"Grazie" disse la ragazzina con le trecce.

"Di niente" disse il conducente dell'autobus.

adattato da Stefano Benni, *Achille Piè Veloce*, Feltrinelli, 2003

Espressioni di routine

1 Leggi il testo e cancella 4 espressioni, tra quelle *evidenziate*, che sono superflue, oltre all'esempio.

Il cavallo di Troia

Il cavallo lo portarono davanti al tempio di Atena. Tutt'intorno, il popolo si diede alla gioia più sfrenata dimenticando ogni cautela. *A un certo punto*, nella luce del tramonto, dal palazzo uscì Elena d'Argo, superbamente abbigliata. Sotto gli occhi ammirati dei troiani, attraversò la città e giunse ai piedi del gigantesco cavallo di legno. *All'improvviso* fece una cosa strana. Gli girò intorno tre volte, imitando le voci delle spose degli eroi achei nascosti *a un tratto* lì dentro, e chiamandoli e supplicandoli di correre tra le sue braccia. *Proprio in quel momento*, chiusi nel buio del ventre del cavallo, i cinque achei sentirono il cuore spezzarsi. *In un batter d'occhio* erano davvero le voci delle loro spose, per quanto fosse incredibile, erano le loro voci, e li chiamavano. Era una dolcezza crudele. E *a un tratto* Anticlo, che era il più debole, aprì la bocca per urlare. Ulisse gli saltò addosso *all'istante* e gli premette le mani sulla bocca, con forza. Anticlo cercava disperatamente di liberarsi. Ma Ulisse gli premeva le mani *a un certo punto* sulla bocca, e non mollò fino a quando Anticlo ebbe un brivido e poi un altro, e un ultimo sussulto, violento, e infine morì, soffocato.

Ai piedi del cavallo, Elena d'Argo si voltò e tornò nel palazzo. Tutta la città, allora, sprofondò nel sonno. Nella notte immobile, *tutt'a un tratto* una torcia brillò, per dare il segnale alla flotta achea. Un traditore la fece brillare, alta nel buio. Ma alcuni dicono che fu *di sorpresa* Elena d'Argo, lei stessa, a tradire. E mentre le navi achee tornavano alla spiaggia, dal ventre del cavallo uscirono Ulisse, Menelao, Diomede e Neottòlemo. Come leoni si avventarono *in un attimo* sulle sentinelle, alle porte. Le prime urla salirono nel cielo di Troia. Le madri si svegliavano *all'improvviso*, senza capire, stringendo i loro bambini. Gli uomini si giravano nel sonno, presagendo la sventura, e sognando la propria morte. Quando l'esercito acheo varcò le porte, iniziò il massacro.

da Alessandro Baricco, *Omero, Iliade*, Feltrinelli, 2004

2 Trova le frasi in cui le espressioni sono usate in modo improprio.

1. a un certo punto

☐ a. E dopo due ore di silenzio, *a un certo punto*, Gianni mi dice: "Lo sai che mi sono sposato il mese scorso a Las Vegas?".

☐ b. Guarda che bel panorama, da qui *a un certo punto* si può vedere anche casa mia, proprio dietro quegli alberi, la vedi?

☐ c. Stavo guardando la partita in televisione e *a un certo punto* c'è stato un black-out. Purtroppo l'elettricità è ritornata solo quando la partita era ormai finita.

2. tutt'a un tratto

☐ a. Per arrivare fino all'aeroporto devi percorrere *tutt'a un tratto* la tangenziale est e uscire poco prima dell'autostrada.

☐ b. Ero sulla spiaggia a prendere il sole quando *tutt'a un tratto* ha cominciato a piovere. Sono corso subito a ripararmi, ma ormai avevo tutti i vestiti bagnati.

☐ c. Stavo viaggiando sull'autostrada con la mia macchina, *tutt'a un tratto*, dalla siepe laterale sbuca un cane che mi attraversa la strada correndo.

3. proprio in quel momento

☐ a. *Proprio in quel momento* quando stavo facendo la doccia mi squilla il telefono.

☐ b. Aspettami qui, *proprio in quel momento*, io torno tra cinque minuti.

☐ c. La valigia era pronta, stavo chiudendo il gas e mi preparavo a uscire ma *proprio in quel momento* bussarono alla mia porta due uomini vestiti di nero.

4. all'improvviso

☐ a. Devo partire *all'improvviso* perché mi hanno detto che mio padre ha fatto un incidente ed è ricoverato all'ospedale della città dove vive.

☐ b. Il treno per Milano arriverà *all'improvviso* alle cinque e mezza.

☐ c. Nessuno se l'aspettava, la notizia della chiusura della fabbrica e del licenziamento di tutti i suoi dipendenti è arrivata ieri mattina *all'improvviso*.

5. in un batter d'occhio

☐ a. Eravamo in montagna a passeggiare nel bosco e il tempo è cambiato *in un batter d'occhio*.

☐ b. No, non mi piace il carattere di Valeria, sembra calma e tranquilla, ma può cambiare *in un batter d'occhio* e diventare aggressiva e rabbiosa!

☐ c. Corre molto *in un batter d'occhio* e vince moltissime gare.

Grammatica

1 Completa il testo con i verbi della lista, come nell'esempio. Attenzione: devi coniugare due verbi al presente indicativo e gli altri al congiuntivo presente.

agire   avere   definirsi   dichiarare   dovere   essere

essere   essere   possedere   potere   rivestire

Gli italiani e la religione

Nell'ultimo periodo, la Chiesa cattolica è intervenuta spesso nel dibattito pubblico e politico italiano. Questo atteggiamento ha provocato forti polemiche nei giornali e nei mass media in generale, ma qual è il rapporto degli italiani con la morale religiosa? Secondo l'indagine realizzata da *Demos-Eurisko* per il quotidiano *La Repubblica*, sembra che la religione *rivesta* per gli italiani un ruolo importantissimo. La maggioranza degli intervistati _____ cattolica (86%) ma soltanto il 27% _____ di andare a messa regolarmente, il 23% pensa che il cattolicesimo _____ la verità "assoluta" su Dio; l'88%, tre persone su quattro, anche fra i non praticanti, pensa che _____ importante impartire ai figli un'educazione religiosa. Il 57% crede che le indicazioni della Chiesa, in materia di etica e morale, _____ "un certo peso", ma che ognuno alla fine _____ seguire innanzitutto la propria coscienza. Infatti otto persone su dieci ritengono ad esempio che l'eutanasia _____ un diritto del malato e che non _____ essere negata la comunione* alle persone divorziate e una quota analoga valuta negativamente gli attacchi all'uso dei contraccettivi. Per gli italiani il divorzio è accettabile (55%) ma soltanto il 40% crede che l'omosessualità _____ moralmente lecita. Nella vita politica, gli italiani sollevano molte perplessità sull'intervento della Chiesa e vogliono (74%) che i politici _____ secondo coscienza.

adattato da Ilvo Dimanti
Gli italiani e la religione, indagine Demos & Pi-Gfk Eurisko

* comunione: il momento più importante del rito della messa cattolica, durante il quale i fedeli ricevono l'ostia, cioè una sorta di pane, simbolo del corpo di Cristo.

2 Completa la tabella con i verbi al congiuntivo presente, come nell'esempio.

	Essere	Avere	Fare	Andare	Uscire
Io					*esca*
Noi	*siamo*				
Lui/Lei					
Voi			*facciate*		
Tu					
Loro					

3 Scegli il verbo corretto. Le lettere che corrispondono ai verbi corretti formano il nome di una famosa Basilica romana.

Religioni in Italia

1. Sicuramente la religione più antica praticata in Italia è (S)/sia (O)/sii (L) l'Ebraismo, che era presente prima della comparsa del Cristianesimo.

2. Secondo i dati Eurispes gli italiani di religione protestante sono (A)/siano (C)/è (I) circa 700.000.

3. Un fenomeno relativamente poco noto in Italia è quello del cosiddetto "Neopaganesimo", sebbene c'è chi calcola che ci sono (D)/ci siano (N)/ c'erano (L) almeno 15.000 fedeli appartenenti a questo gruppo di religioni.

4. Anche se non esistono dati definitivi e certi si suppone che i mussulmani in Italia superano (V)/superino (P)/ hanno superato (D) il milione e mezzo.

5. La diffusione dell'Induismo in Italia, circa 115.000 fedeli, è dovuta soprattutto al recente fenomeno di immigrazione di persone provenienti dall'Asia che desiderano (A)/desiderino (V)/ avrebbero desiderato (T) mantenere la loro identità religiosa.

6. Sono circa 4 milioni gli italiani che pensano che tutte le religioni dicano il falso e si dichiarano (O)/si dichiarino (E)/dichiararsi (A) apertamente atei.

7. Molti sociologi ritengono che il Buddismo in Italia è (U)/siano (N)/ sia (L) in crescita soprattutto tra le giovani generazioni (attualmente i buddisti in Italia sono 160.000).

8. I Testimoni di Geova, con circa 800.000 fedeli, sono il gruppo religioso che abbia (U)/hanno (E)/ha (O) il maggior numero di aderenti, dopo il Cattolicesimo e l'Islam.

adattato da
http://it.wikipedia.org/wiki/Religioni_in_Italia

È la Basilica di ___ ___ ___   ___ ___ ___ ___ ___ ___

Modi di dire • Religione 10

1 Metti in ordine le parole e forma i modi di dire. Poi collegali con i significati corretti, come nell'esempio.

1. il quattro a fare diavolo
   fare il diavolo a quattro

2. papa come stare un
   _____

3. non votarsi a che sapere santo
   _____

4. pozzo essere Patrizio il di San
   _____

5. l'acqua come diavolo e il essere santa
   _____

6. di ogni morte ad papa
   _____

7. una sopra croce metterci
   _____

8. le inferno patire pene dell'
   _____

a. soffrire moltissimo

b. *fare molto rumore, molta confusione*

c. odiarsi a vicenda

d. molto raramente

e. vivere comodamente

f. avere soldi o energie inesauribili

g. non sapere a chi chiedere aiuto

h. dimenticare qualcosa per sempre, rinunciare

1 _b_ - 2 ___ - 3 ___ - 4 ___ - 5 ___ - 6 ___ - 7 ___ - 8 ___

2 A quali modi di dire dell'esercizio 1 si riferiscono i disegni?

a. _____

b. _____

3 Trova le frasi in cui le espressioni sono usate in modo improprio.

1. fare il diavolo a quattro

☐ **a.** Paolo è così ordinato e preciso che riesce a *fare il diavolo a quattro*.

☐ **b.** Non volevano darmi l'aumento di stipendio, ma io *ho fatto il diavolo a quattro* e alla fine l'ho ottenuto.

☐ **c.** Sono stanchissimo! Oggi mio nipote *ha fatto il diavolo a quattro*, mi ci vorranno altri tre giorni per rimettere la casa in ordine!

2. non sapere a che santo votarsi

☐ **a.** Ho scoperto che mia figlia ruba, ho provato di tutto, ma *non so più a che santo votarmi*.

☐ **b.** Ho perso il lavoro e ho il mutuo della casa da pagare, sono disperato e *non so a che santo votarmi*.

☐ **c.** Domani ci sono le elezioni per il sindaco della città ma ancora *non so a che santo votarmi*.

3. stare come un papa

☐ **a.** Finalmente mi sono preso un po' di vacanze, qui al mare in Sardegna *sto come un papa*, lontano dalla città e dai suoi rumori.

☐ **b.** Chi te lo ha fatto fare di cambiare lavoro?! Avevi un contratto fisso, le vacanze pagate, praticamente *stavi come un papa*, adesso invece hai deciso di aprire una società e sei sempre stressato.

☐ **c.** No, non ti sedere lì, quella sedia è rotta e ti fa *stare come un papa*.

4. essere il pozzo di San Patrizio

☐ **a.** Voglio abitare in una casa in centro, che sia anche spaziosa, insomma deve *essere il pozzo di San Patrizio*.

☐ **b.** Vuoi ancora dei soldi?! Ma se te li ho dati ieri, io ho uno stipendio solo sai! Non *sono il pozzo di San Patrizio*.

☐ **c.** La banca mi ha rifiutato il credito, il direttore mi ha detto che il suo istituto mi aveva concesso già diversi prestiti e che la sua banca non *è il pozzo di San Patrizio*.

5. essere come il diavolo e l'acqua santa

☐ **a.** Guarda come si amano, stanno insieme tutto il giorno e si guardano con dolcezza, *sono proprio come il diavolo e l'acqua santa*.

☐ **b.** Dopo tutto quello che mi ha fatto Giorgio, mi chiedi di collaborare con lui? Lo sai che lo odio profondamente e lui odia me, praticamente *siamo come il diavolo e l'acqua santa*.

☐ **c.** Sono fratelli, ma uno è l'opposto dell'altro, quando si incontrano evitano addirittura di salutarsi, *sono come il diavolo e l'acqua santa*.

6. ad ogni morte di papa

☐ **a.** Questa è la fermata dell'autobus che raggiunge il paese, ma dicono che gli autobus passano molto raramente, praticamente *ad ogni morte di papa*.

☐ **b.** Lo sai che Roberto è testardo *ad ogni morte di papa* e non riuscirai a convincerlo mai.

☐ **c.** I miei nipoti non vengono mai a trovarmi, praticamente li vedo *ad ogni morte di papa*.

Grammatica

1 Completa l'articolo coniugando i verbi al congiuntivo presente o al congiuntivo passato.

A BOCCIARE DI PIÙ SAREBBERO I CITTADINI DEL NORD, LAUREATI E DI SINISTRA

Televisione, 68 italiani su 100 la bocciano

Secondo un sondaggio della Demoskopea il livello delle trasmissioni è ritenuto basso o molto basso

ROMA - Credete che gli Italiani (*essere*) _____ tutti tivù-dipendenti? Errore. Non lo sono. E non solo: sono anche critici. Anzi: molto critici sulla qualità della televisione e sul livello delle trasmissioni, ritenuto basso o molto basso. È senza appello la stroncatura dei telespettatori sulla qualità televisiva. Secondo uno studio di Ricerca-Demoskopea, 62 italiani su 100 ritiene che l'offerta televisiva negli ultimi due anni (*lasciare*) _____ molto a desiderare.

IL SONDAGGIO - Dal sondaggio, condotto su un campione di 621 persone, risulta che la maggioranza degli intervistati, pari al 68,2%, ritiene il livello delle trasmissioni televisive "basso" o "molto basso". In particolare, tra i più critici si distingue chi vive al Nord, (75,6%), è laureato (80,4%), si colloca politicamente nell'area di centrosinistra (78,1%) e ha un lavoro dipendente (73%). Sembra che la TV (*piacere*) _____ di più invece a chi ha un grado di istruzione inferiore. Tra chi ritiene che il livello delle trasmissioni (*essere*) _____ "elevato" o "molto elevato" (31,8%), appare più indulgente il giudizio di chi ha la licenza elementare (45,6%) o media (42,2%), abita al Sud (41,7%), ha almeno un figlio di età non superiore ai 18 anni (37%) e non lavora fuori casa (36,9%).

TUTTI BOCCIATI - Dalla bocciatura non si salva nessuno, né tv pubblica né reti private anche se gli intervistati sono più severi con la Rai: il 41,2% per cento del campione si dichiara soddisfatto dei programmi Mediaset contro il 34,3% di chi assegna la propria preferenza alla tv pubblica.
I telespettatori sono anche convinti, nel 51% dei casi, che la distinzione tra Tv pubblica e Tv commerciale (*dovere*) _____ riflettersi nei contenuti dei programmi trasmessi. Pensano infatti che in questi ultimi anni la Rai non (*investire*) _____ abbastanza sui programmi culturali ed educativi e non (*dare*) _____ sufficiente spazio all'informazione e alle realtà locali.

da *www.corriere.it*

2 Completa il testo con i verbi della lista coniugati al tempo opportuno dell'indicativo o del congiuntivo. I numeri tra parentesi ti suggeriscono due possibilità: scegli quella corretta per ogni verbo, come nell'esempio.

girare / pensare (1 e 10)   essere / scegliere (2 e 11)   essere / raccontare (3 e 12)

preferire / stare (4 e 18)   avere / essere (5 e 13)   fare / potere (6 e 14)

accadere / essere (7 e 16)   essere / succedere (8 e 17)   dovere / essere (9 e 15)

Un'altra tv è POSSIBILE

ROMA - Sorpresa: il telespettatore è più maturo di quello che
1._____ i dirigenti delle reti televisive. Ed è possibile che il pubblico in prima serata 2._____ il programma culturale invece del film hollywoodiano o del reality show.
Mercoledì il programma *Che tempo che fa*, dedicato a Roberto Saviano (RaiTre), in cui lo scrittore 3. *raccontava* la sua lotta alla camorra, in compagnia di due grandi scrittori come Paul Auster e David Grossman, ha fatto il pieno di ascolti: 4milioni 561mila spettatori, il 19% di share. Saviano ha difficoltà a credere che in così tanti lo 4._____ a un reality show: "Sembra che le persone 5._____ voglia di realtà più di quanto non si creda". E aggiunge che "la tv 6._____ essere uno strumento alleato per raccontare ciò che 7._____ nel mondo".
È possibile un'altra Tv?
"Un'altra televisione c'è già. Non credo che quello che 8._____ mercoledì sera 9._____ un caso eccezionale", spiega il direttore di RaiTre, Paolo Ruffini, secondo il quale 10._____ troppi pregiudizi: "Pensano che la tv 11._____ tutta uguale. E non è così. Pensano che la tv 12. *sia* tutta da buttare, e non è così. Pensano che lo share 13._____ una parolaccia. Pensano che chi 14._____ buona tv non 15._____ porsi il problema dei buoni ascolti, che inseguire gli ascolti 16._____ una cosa poco raccomandabile. E invece il bello della tv 17._____ che si possono fare ascolti, e share, con bei programmi. E il bello del servizio pubblico 18._____ innanzitutto nell'avere un pubblico. Il bello di una rete è coltivare questo pubblico".

da *www.repubblica.it*

3 Completa il post del blog coniugando i verbi al congiuntivo presente, passato
o imperfetto.

Autore: Raffaele

⊙ website ✉ e-mail

Amici* è diseducativo - dal mio punto di vista -
Post n°622 pubblicato il 05 Febbraio 2009 da libertangoo

Ieri sera, dopo tanto zapping, ho deciso di guardare *Amici*, e devo dirlo: penso che (*essere*) _____ un programma diseducativo.
L'80% della trasmissione è dedicato a insulti, litigi, critiche decisamente non costruttive, commenti offensivi e irriguardosi soprattutto nei confronti dei professori, e solo il 20% è dedicato alle esibizioni dei ragazzi.
Non mi pare che (*essere*) _____ sempre _____ così. Alle origini, quando si chiamava *Saranno Famosi*, si presentava come una vera accademia artistica.
Insomma mi pare che le prime edizioni di *Saranno Famosi/Amici* (*avere*) _____ uno stile molto diverso da quello attuale, che (*andare*) _____ in onda delle vere lezioni e si (*cercare*) _____ di valorizzare i talenti presenti nella scuola per creare una nuova generazione di artisti.
Ora però è la componente rissosa quella che prende sempre il sopravvento.
Poi ritengo che i ragazzi (*trattare*) _____ i professori in modo inaccettabile: rispondono male, li contestano, si rifiutano di fare lezione con alcuni di loro... ma insomma, vi sembra normale?
Credo che *Amici* (*dare*) _____ ai giovani una visione distorta della realtà, perché non importa che tu (*essere*) _____ bravo, che (*essere*) _____ in gamba o (*avere*) _____ un talento; basta dire frasi che strappano l'applauso e il consenso del pubblico, anche a costo di essere maleducato, o ferire qualcuno! L'importante è apparire, essere al centro dell'attenzione!
Ecco a me sembra che nella vita, al contrario, non si (*vincere*) _____ sempre e non si (*potere*) _____ avere ragione sempre e comunque. La vita, sì, può essere anche intesa come una competizione, ma ci sono regole da rispettare e risultati da ottenere.
E soprattutto è importante essere pronti ad accettare la sconfitta!
Secondo me il messaggio negativo che arriva è forte. Un conto è che lo (*guardare*) _____ un adulto dotato di senso critico. Ma un ragazzino di 15 anni, che pensate che (*recepire*) _____? Che per essere popolare devi prendere in giro gli altri, rispondere male ai professori, ribellarti a ogni critica. Devi essere arrogante e maleducato. Devi essere protagonista!

da blog.libero.it

* *Amici*: è un talent show di grande successo in onda dal 2001. Inizialmente chiamato *Saranno Famosi*, questo reality è una scuola a cui partecipa una classe di circa 20 alunni, appositamente scelta, con ragazzi tra i 18 e i 25 anni che aspirano a diventare cantanti, ballerini di Jazz, Hip Hop e danza classica o attori. I concorrenti seguono per tutto l'anno lezioni di varie materie con i relativi insegnanti. (*www.wikipedia.org*)

1 Scegli il suffisso corretto per trasformare gli aggettivi tra parentesi in nomi e completa i post, come nell'esempio. I numeri accanto ai suffissi ti indicano quante volte vanno usati.

-aggine (2)   -ità (4)   -izia (1)   -ezza (3)   -tà (3)

-anza (1)   -ia (1)   -enza (1)   -ismo (1)

> ### Quali sono le caratteristiche del tuo partner ideale?

Alice nel paese delle meraviglie

Comincio io:
Per me la *(sincero)* sincerità è la qualità fondamentale, non potrei mai stare con un bugiardo. Ah, e soprattutto, il mio Lui, non deve essere un maniaco di calcio (e qui un buon 80% viene scartato)!
Ah, dimenticavo, anche l'*(onesto)* _____ e la *(fedele)* _____ sono indispensabili. Certo anche un po' di *(bello)* _____ non mi dispiacerebbe!

Rosa del deserto

Fisicamente deve avere una certa *(alto)* _____, non deve essere più basso di 1m79. Poi, non deve votare a destra e non deve essere un pettegolo che vuole sapere tutto degli altri; mi piace la *(riservato)* _____. Questi tre requisiti sono imprescindibili per me.

Vichinga

Per me la caratteristica fondamentale è l'*(indipendente)* _____, voglio che abbia una sua casa! Preferisco la *(razionale)* _____ al *(sentimentale)* _____; un po' di *(geloso)* _____ però la vorrei! Ecco, poi un'altra qualità a cui non posso rinunciare è la *(generoso)* _____, non potrei sopportare l'*(avaro)* _____! E per ultimo non deve essere uno patito di discoteca.

Candy Candy

Io invece sono una che ha bisogno di tante attenzioni, un uomo per piacermi deve avere la *(capace)* _____ di capire i miei desideri e i miei bisogni! Non sopporto la *(testardo)* _____ e la *(cocciuto)* _____.
Adoro l'entusiasmo nel progettare e sognare insieme… ma mi piace anche realizzare quei progetti e quei sogni, e per questo ci vuole anche un po' di *(serio)* _____ e *(costante)* _____!

1 Completa il testo con i verbi al condizionale semplice o al congiuntivo imperfetto, come nell'esempio.

Una Terra senza umani

Che cosa (*accadere*) _accadrebbe_ a tutto ciò che abbiamo costruito se noi non (*esserci*) _____ più? La natura (*essere*) _____ in grado di spazzare via ogni traccia di noi? Tra le cose che abbiamo realizzato ce ne sono alcune indistruttibili? Insomma se l'uomo (*scomparire*) _____, la natura (*potere*) _____ restituire la città di New York alla foresta che esisteva al suo posto quando Henry Hudson vide l'isola per la prima volta, nel 1609?

Dunque, se gli esseri umani (*sparire*) _____ domani, una delle prime cose che (*accadere*) _____ è che (*venire*) _____ a mancare l'energia.

Se (*venire*) _____ interrotta l'elettricità, le pompe (*smettere*) _____ di funzionare e i sottopassaggi (*iniziare*) _____ a riempirsi d'acqua. Entro 48 ore New York (*dovere*) _____ fare in conti con un bel po' di allagamenti. Presto le fognature (*riempirsi*) _____ di detriti. Dopo un po' gli edifici (*iniziare*) _____ a cedere e a crollare.

Crollando, un edificio (*portarsi*) _____ giù altri palazzi, creando uno spazio libero. In questi spazi il vento (*trasportare*) _____ i semi delle piante, e quei semi (*crescere*) _____ fino a diventare alberi. La città (*iniziare*) _____ a sviluppare un proprio, piccolo ecosistema. Ogni primavera, quando la temperatura si alza, (*formarsi*) _____ nuove crepe, dove l'acqua (*penetrare*) _____, ghiacciando.

E le crepe (*allargarsi*) _____, permettendo ai semi di penetrare. Tutto ciò (*accadere*) _____ molto rapidamente.

da Alan Weisman, *Il mondo senza di noi*, Einaudi, 2008

2 Inserisci la congiunzione *se* negli spazi solo dove è necessaria, come negli esempi.

Il ciclone

Il ciclone è uno dei fenomeni naturali più devastanti del nostro pianeta. Il 2 maggio 2008 si è abbattuto sulla Birmania un ciclone, chiamato *Nargis* dai metereologi, che ha causato la distruzione di interi villaggi e la morte di almeno 78.000 persone. La formazione dei cicloni *X* è oggetto di ricerche e ancora non sono state spiegate perfettamente tutte le condizioni fisiche e ambientali che ne determinano la nascita. Comunque si è capito che il ciclone si forma soltanto *se* ci sono alcuni fattori concomitanti. Un ciclone si forma ___ la temperatura del mare è ___ superiore ai 26°C e ___ la temperatura dell'atmosfera diminuisce rapidamente, cioè ___ si creano tutte quelle condizioni atmosferiche tipiche che danno vita ai temporali. Ma le caratteristiche del ciclone, cioè la ___ sua forma e la sua velocità, ___ si manifestano soltanto ___ ci troviamo vicino all'Equatore. Spesso viene usata in modo improprio la parola "ciclone" ___ per descrivere fenomeni atmosferici più o meno devastanti. L'Organizzazione Meteorologica Mondiale parla di ciclone solo ___ i venti che lo compongono ___ superano i 100 km/h e ___ la forza dei venti aumenta verso l'interno in direzione del centro ma diminuisce o scompare del tutto all'interno del ciclone ___ chiamato anche *Occhio del ciclone*.

adattato da *http://it.wikipedia.org*

3 Collega ogni causa con la logica conseguenza e trasforma le ipotesi da reali a possibili, come nell'esempio.

Ipotesi sulla fine del mondo

Cause	Conseguenze
1. *Se le macchine diventeranno estremamente intelligenti,*	**a.** molte piante usate per scopi alimentari scompariranno.
2. Se cadrà un meteorite sulla Terra,	**b.** la maggior parte delle città sarà distrutta e le radiazioni uccideranno ogni forma di vita sulla Terra.
3. Se si svilupperà una nuova pandemia*,	**c.** aumenterà la temperatura in modo insopportabile per la sopravvivenza degli uomini.
4. Se il buco dell'ozono aumenterà di dimensioni,	**d.** *riusciranno a prendere il sopravvento sugli umani.*
5. Se si estingueranno le api,	**e.** l'impatto potrà spostare l'asse di rotazione del pianeta con conseguenze devastanti.
6. Se scoppierà una guerra nucleare,	**f.** farà ammalare milioni di persone e ne causerà la morte.

adattato da Pinna Lorenzo, *Cinque ipotesi sulla fine del mondo*, Mondadori, 1994

1 *d* - 2 ___ - 3 ___ - 4 ___ - 5 ___ - 6 ___

1. *Se le macchine* **diventassero** *estremamente intelligenti,* **riuscirebbero** *a prendere il sopravvento sugli umani.*

2. _____

3. _____

4. _____

5. _____

6. _____

* pandemia: manifestazione improvvisa di una malattia a larghissima estensione, senza limiti di regione o di continente.

4 Completa il testo scegliendo la forma corretta dei verbi e inserendo le seguenti frasi, come nell'esempio.

1. *Con un articolo pubblicato il 21 febbraio 1961 sul quotidiano l'Unità,*
2. Dal Monte Toc, situato sulle Alpi Orientali, dietro la diga del Vajont, si staccano tutti insieme 260 milioni di metri cubi di roccia.
3. Il Tribunale condannò la SADE a risarcire i danni subiti dai paesi colpiti dalla catastrofe per un valore di 22 miliardi di lire, circa 11 milioni degli attuali euro.
4. La storia della diga del Vajont, iniziata sette anni prima, si conclude in quattro minuti di apocalisse.

Il disastro del Vajont

Ti dice niente Vajont? 9 ottobre 1963. **n° __** Duecentosessanta milioni di metri cubi di roccia che cadono nel lago dietro la diga* e sollevano un'onda di cinquanta milioni di metri cubi d'acqua che distrugge cinque paesi: Longarone, Pirago, Rivalta, Villanova, Faè. Duemila morti.

n° __ L'idea di costruire una diga nella valle del fiume Vajont era stata della SADE (Società Adriatica di Elettricità). Secondo i progetti di questa società, se si **fosse creata/sarebbe creata** in mezzo alle Dolomiti una riserva d'acqua, poi si **potesse/sarebbe potuta** sfruttare questa energia, per portare elettricità a Venezia e a tutto il Triveneto. Se si **realizzasse/fosse realizzata** quest'opera, **sarebbe stata/fosse stata** la centrale idroelettrica più grande d'Europa.

La SADE fece delle indagini e scoprì che esistevano reali pericoli di frane che avrebbero potuto cadere nel bacino della diga. Se queste indagini **sarebbero state rese/fossero state rese** pubbliche, i lavori di costruzione **sarebbero stati bloccati/sarebbero bloccati** e si **fosse evitato/sarebbe evitato** uno dei disastri più gravi della storia moderna italiana, ma la ditta di costruzione mantenne segrete le sue scoperte.

La diga fu completata nell'estate del 1963 e il 9 ottobre dello stesso anno si staccò dalla costa del Monte Toc una frana lunga 2 km. L'impatto con l'acqua generò un'onda che superò la diga e distrusse i paesi a valle causando la morte di più di 2000 persone.

n° 1 la giornalista Tina Merlin aveva anticipato quello che **fosse potuto/sarebbe potuto** succedere nella valle se si **fosse costruita/costruisse** quest'enorme diga. Nel febbraio del 1968 iniziò il processo contro i responsabili della costruzione della diga che si concluderà, con alterne vicende, nel 1997. **n° __**

da Marco Paolini e Gabriele Vacis, *Il racconto del Vajont*, Garzanti, 2001

---

* diga:

5 Completa il testo con i verbi al congiuntivo imperfetto, al congiuntivo trapassato, al condizionale semplice o al condizionale composto, come nell'esempio.

Il terremoto a L'Aquila

Il terremoto è arrivato in piena notte, alle 3.32, a circa un chilometro dal centro dell'Aquila. I morti sono 280, oltre 1.500 i feriti, settantamila le persone che hanno dovuto abbandonare le case.

Subito sono scoppiate le polemiche. Sembra infatti che uno studioso, Giampaolo Giuliani, avesse lanciato l'allarme nei giorni scorsi. La risposta del responsabile della Protezione Civile è stata immediata: "Nessuno al mondo può prevedere i terremoti, neanche Giuliani, che infatti ha previsto il terremoto a Sulmona e non a L'Aquila. Se (*ascoltare*) _avessimo ascoltato_ Giuliani (*avere*) _____ molte più vittime di quelle attuali, perché la Protezione Civile (*spostare*) _____ la popolazione di Sulmona a L'Aquila, e il terremoto che ha colpito effettivamente L'Aquila (*provocare*) _____ moltissime vittime".

È evidente che se in passato (*essere*) _____ rispettate le leggi sulle costruzioni (*noi - evitare*) _____ molte tragedie e soprattutto nel caso del terremoto a L'Aquila (*potere*) _____ salvare molte vite umane. L'Italia è un Paese dove non c'è prevenzione. Infatti, se (*esistere*) _____ una vera prevenzione, (*esserci*) _____ più controlli e i costruttori (*fare*) _____ più attenzione a costruire le case con materiali più sicuri e resistenti, rispettando le leggi. E i terremoti non (*essere*) _____ più un pericolo, come per esempio accade in Giappone.

Pensate a come (*essere*) _____ bello oggi il nostro paese se in questi anni tutti (*comportarsi*) _____ come cittadini responsabili e non come persone attente solo al loro interesse personale. Ma questa purtroppo è l'Italia.

da *www.ilmanifesto.it*

Espressioni di routine

1 Completa il post rimettendo in ordine le frasi mancanti. Le espressioni sono in ordine.

Il sito delle cose non possibili

NON**e**possibile**.it**

Home Contatti Novità Links Blog Mappa Cerca

Questa mattina ¹._____

Ero in autobus e passando davanti a tutte le edicole, ho letto una notiziona: BUS ACTV IN REGALO.

Immediatamente la fantasia ha iniziato a correre:

²._____, pensavo a tutti gli incredibili utilizzi di un autobus, magari d'epoca, tutto per me.

E invece ³. *che delusione* quando ho scoperto che anziché un grosso pullman usato, avrei potuto ottenere unicamente un "misero" *orario invernale* degli autobus. Non si possono illudere in tale modo dei poveri cittadini semi-addormentati.

da *www.nonepossibile.it*

(1)
| ai |
| credere |
| miei |
| non |
| occhi |
| potevo |

(2)
| ci |
| credere |
| non |
| potevo |

(3)
| *delusione* |
| *che* |

2 Completa l'articolo con le espressioni della lista, come nell'esempio.

ma dai   sono rimasto di stucco   a che punto siamo arrivati

Mara in politica? *Ma dai* !

Davide Mengacci, che ha lavorato con l'attuale ministra delle pari opportunità, Mara Carfagna, per 4 anni a un programma televisivo della domenica, racconta: "Quando Mara è entrata in politica con Berlusconi _____ ! Non l'avevo mai sentita parlare di politica una sola volta. Mai. Non sapevo nemmeno di che partito fosse, e a mio modesto parere non lo sapeva nemmeno lei! _____!

Mara Carfagna qualche anno fa, quando lavorava in TV

Mara Carfagna oggi, Ministra per le Pari Opportunità

3 Associa le espressioni <u>sottolineate</u> con la frase che ne definisce il significato, come nell'esempio.

C'era Valeria Golino, di fianco a me, dopo cena e dopo la proiezione del film "Giulia non esce la sera". C'era la mia amatissima Valeria, che è la protagonista del film... Secondo me è troppo bella la Golino, quando l'ho vista [1.] <u>sono rimasto impalato</u>. [2.] <u>Accidenti</u>, non mi sembrava vero... quegli occhi azzurri... Belli! [3.] <u>Che peccato!</u> Ma perché non ho avuto il coraggio di chiederle di fare una foto con me, un autografo almeno? Così facevo morire d'invidia tutti i miei amici! Che scherzi fa l'emozione, adesso che ci ripenso [4.] <u>mi mangio le mani</u>!

espressione	significato
3	si usa per esprimere rabbia e frustrazione
	si usa per esprimere sorpresa, meraviglia
	si usa per dire che siamo così emozionati da non riuscire a muoverci
	si usa per esprime delusione

4 Trova le frasi in cui le espressioni sono usate in modo improprio.

1. a che punto siamo arrivati
   □ a. A scuola non ci sono soldi per la segreteria, infatti bisogna portare la carta da casa per fare le fotocopie! *A che punto siamo arrivati!*
   □ b. Abbiamo fatto un buon viaggio ma non sapevamo *a che punto eravamo arrivati*.
   □ c. Sofia non ha più tempo neanche per mangiare, ieri, pensa *a che punto è arrivata*... ha dato qualche morso a un panino davanti al computer, ed era la sua cena!

2. mi mangio le mani
   □ a. Ma perché quando è arrabbiata *si mangia le mani*?
   □ b. Se penso che avrei potuto vincere quella gara se mi fossi allenato di più... *mi mangerei le mani!*
   □ c. *Si sta mangiando le mani* per non aver accettato quel lavoro.

3. che delusione
   □ a. Siamo appena arrivati e già comincia a piovere... *che delusione!*
   □ b. Mi avevano parlato molto bene di questo ristorante, ma invece abbiamo mangiato malissimo! *Che delusione!*
   □ c. Finalmente ho trovato i biglietti per il concerto, *che delusione!*

4. non potevo credere ai miei occhi
   □ a. Mi hanno organizzato una festa a sorpresa, quando sono entrata a casa *non potevo credere ai miei occhi*, c'erano tutti gli amici e un buffet meraviglioso!
   □ b. Nessuna religione mi soddisfa, *non posso credere ai miei occhi* e a nessun Dio o altra entità.
   □ c. Quando ho chiesto il saldo del mio conto corrente al bancomat, *non potevo credere ai miei occhi*, c'erano un sacco di soldi in più!

5. sono rimasto di stucco
   □ a. Quando sono arrivato *sono rimasto di stucco*, perché avevano mangiato senza aspettarmi e non mi avevano lasciato neanche un pezzo di pane!
   □ b. Quando l'ho vista con Gianni, mano nella mano alla fermata dell'autobus, *sono rimasto di stucco*, dal dolore non sono riuscito a dire niente.
   □ c. Tutti volevano rimanere alla festa, anche io *sono rimasto di stucco* perché ci stavamo divertendo.

Forma impersonale

1 Leggi l'articolo e inserisci i verbi <u>sottolineati</u> al posto giusto nella tabella.

Milano capitale dei single e dei vecchi: <u>ci si sposa</u> meno e a quasi 40 anni

Giovani che <u>si sposano</u> sempre meno e fanno figli tardi. Immigrati in continuo aumento, che per fortuna alzano il tasso di fecondità della città. Anziani in crescita (gli over 90 sono 16.211). Ecco la fotografia della Milano del Terzo Millennio: una metropoli in cui le famiglie tradizionali <u>si sgretolano</u> per lasciar spazio a una produttività frenetica. Non sempre per scelta, qualche volta anche per necessità. Le trasformazioni della capitale economica del paese non <u>si possono</u> negare, stando ai dati del Comune: <u>ci si trova</u> davanti a una città che non cresce per numero di abitanti, ma le cui componenti sociali cambiano in fretta. Tra gli under 40, <u>si ritarda</u> sempre più la decisione di formare una famiglia. E quando lo <u>si fa</u>, spesso <u>si preferisce</u> abbandonare la città, <u>ci si trasferisce</u> nell'hinterland, dove la vita costa meno. In città in dieci anni il numero dei matrimoni è diminuito del 32%, l'età media delle spose è salita da 29,7 a 34,2 anni quella degli sposi da 32,6 a 37,4 anni. E sempre più <u>si scelgono</u> le unioni civili, preferite a quelle religiose: dal 1995 al 2006 i matrimoni in chiesa sono scesi del 17%. Una conseguenza del fatto che <u>ci si sposa</u> meno è il calo dei nati "legittimi", come li chiamano ancora le statistiche. <u>Si hanno,</u> cioè, sempre meno figli all'interno del matrimonio e la percentuale di bambini nati all'interno di una convivenza è aumentata in dieci anni del 17%.

I dati poi mostrano un preoccupante ritardo nella scelta di maternità delle donne italiane: in più del 50% dei casi <u>si fa</u> il primo figlio dopo i trent'anni. Addirittura è raddoppiato il numero delle mamme over 40. "Un welfare debole come quello italiano costringe a ritardare tutto - spiega Alessandro Rosina, professore di Demografia all'università Cattolica -. <u>Si fa</u> fatica a uscire di casa, ad avere un lavoro stabile e quindi a diventare autonomi. Non è che non <u>si creda</u> più nel matrimonio - continua Rosina -. L'80% dei giovani pensa ancora che sia la base della famiglia. Il fatto che le unioni siano in diminuzione <u>si spiega</u> con due fattori: da un lato l'aumento delle convivenze, dall'altro le difficoltà economiche che costringono molte coppie a <u>sposarsi</u> tardi."

da www.repubblica.it

Verbo riflessivo	Verbo nella forma impersonale	Verbo riflessivo nella forma impersonale

2 Completa i post del blog come negli esempi: negli spazi con i puntini
(.................) usa il verbo nella forma impersonale, negli spazi con la riga
(_____) usa gli aggettivi della lista.

abituato	economico	firmato	individualista
maggiore	minore	personale	stesso	*proprio*

Yahoo! | Mio Yahoo! | Mail | Altro ▾   **Fai di Y! la tua home page**   Nuovo utente? Registrati | **Entra** | Aiuto

YAHOO! ANSWERS
ITALIA®

Y7 Search [   ] [CERCA NEL WEB]

chiedi.   [?]   rispondi.   [☺]   scopri.   [!]

Domanda aperta   Altra domanda >

**Perché la frase "mettere su famiglia"
è uscita completamente dal lessico dei giovani?**

Lucea

8 ore fa - 4 giorni rimanenti per rispondere

☆ Interessante ▾   ✉ Email   ➕ Salva ▾

Eyes
without
a face

Perché prima la mentalità era quella, non *(avere)* _si aveva_ altra scelta,
(sposarsi) .... e *(fare)* .... i figli, questo era lo
scopo della vita! Poi la vita costava meno, *(mettere)* .... al fratello
_____ i vestiti del fratello maggiore e *(allungare)* ....
la minestra.
Ora gli obiettivi sono cambiati, *(pensare)* .... più alla _propria_
realizzazione _____. In più, anche volendo, ora non c'è lavoro o, se
c'è, è spesso precario, così se *(arrivare)* .... alla stabilità
economica ci *(arrivare)* .... tardi. I figli poi costano tantissimo sia
da neonati che da grandi quando pretendono ogni genere di gadget
_____. Se a tutto questo *(aggiungere)* .... che un
matrimonio su due finisce e *(ritrovarsi)* .... a crescere i figli da
sole, *(avere)* .... un quadro abbastanza chiaro.

La rampante

Avere figli, al giorno d'oggi, spaventa molto di più! *(Essere)* .... più
_____ e un figlio è sinonimo di sacrificio. E al giorno d'oggi non
(avere) .... voglia di sacrificarsi. *(Volere)* ....
tempo per sé _____, tempo libero, *(essere)* ....
_____ ad avere tutto, o quasi, e sarebbe impensabile avere un figlio
al quale non *(potere)* .... offrire lo stesso. Non credo sia una
questione _____, i nostri nonni avevano tutti 4 o 5 fratelli e nel 1920
non erano di sicuro più ricchi di noi. Credo piuttosto che si tratti di
_____ esigenze.

da it.answers.yahoo.com

3 Completa il testo con i verbi della lista nella forma impersonale. I numeri tra parentesi ti suggeriscono due possibilità: scegli quella corretta per ogni verbo.

| mettere / praticare (1 e 14) | potere / sentirsi (2 e 11) | cercare / lavorare (3 e 12) |

andare / tradire (4 e 16) · consumare / imbarcarsi (5 e13) · sentirsi / trovare (6 e 9)

pentirsi / praticare (7 e 15) · consumare / lasciarsi (8 e 10)

La scappatella? È anti-stress: ecco i nuovi infedeli d'Italia

Solo tre coppie su dieci sarebbero fedeli, secondo le ultime statistiche. Siamo un popolo di traditori e

1._____ l'adulterio come una terapia, non

2._____ nemmeno in colpa. Tradiscono più gli adulti dei giovani, più gli uomini delle donne, più i cittadini delle grandi città che gli abitanti dei piccoli centri.

Secondo l'associazione Matrimonialisti Italiani il 60 per cento dei tradimenti coniugali avviene nel luogo dove

3._____. L'età più a rischio, soprattutto per gli uomini, è compresa fra i 40 e i 50 anni.

4._____ soprattutto in pausa pranzo. Almeno un adulterio su tre, infatti, 5._____ fra mezzogiorno e mezzo e le due e mezzo del pomeriggio.

Se tradire fa ancora paura, non

6._____ però in colpa, né 7._____:
quasi otto su dieci si dicono ben contenti della loro condizione di adulteri.

Un'abitudine accettata. In Italia l'adulterio non è più la ragione principale per cui

8._____. Lo spiega il presidente dell'associazione Matrimonialisti, Gian Ettore Gassani: "Nel nostro Paese l'infedeltà non è più

vista in modo tragico, tanto che è soltanto al secondo posto tra le ragioni alla base delle fratture coniugali". Al primo posto

9._____ le incompatibilità caratteriali.
C'è poi la nuovissima tendenza dei tradimenti virtuali, quelli che

10._____ via internet. Il nuovo adulterio ai tempi di Facebook è quello che

11._____ definire light. "12._____ tradimenti mordi e fuggi, leggeri, poco impegnativi. C'è una presa d'atto che tanto nel matrimonio tutti tradiscono tutti. E così 13._____ in piccole storie collaterali vissute per autogratificarsi, e in genere non

14._____ in discussione e in vera crisi la famiglia", osserva Maria Rita Parsi, psicoterapeuta e sessuologa, coautrice di un libro dal titolo "Promiscuità".
Nella coppia 15._____ il cosiddetto tradimento light come "una specie di antidepressivo rispetto alla fatica del vivere insieme.

16._____ verso la banalizzazione e verso l'inconsistenza. Fragili matrimoni con fragili fughe d'amore, spesso facilitate dalle nuove tecnologie".

da *www.repubblica.it*

1 Sostituisci le espressioni *evidenziate* con quelle della lista che hanno lo stesso significato.

> a muso duro   faccia da funerale   faccia a faccia
>
> ti leggo in faccia   ci avrà sbattuto il muso   salvare la faccia
>
> a viso aperto   ha il muso   fare buon viso a cattivo gioco

1. Oggi Paolo *è di malumore*/_____ perché ieri l'Inter* ha perso la partita.
2. I miei colleghi di lavoro sono arroganti, antipatici e stupidi, non li sopporto! Ma devo *accettare questa situazione spiacevole*/_____, perché ho bisogno di lavorare, non posso andarmene.
3. Non aver paura e affronta la situazione *coraggiosamente*/_____.
4. Ieri ho litigato con Rino, l'ho affrontato *direttamente e senza troppi riguardi*/_____ e gli ho detto tutto quello che pensavo su di lui.
5. Il nostro direttore generale è coinvolto in un nuovo scandalo e molti dicono che questa volta difficilmente riuscirà a *uscire dignitosamente da questa situazione difficile*/_____.
6. È inutile che cerchi di convincerlo. Finché non *avrà capito facendo esperienza direttamente*/_____ non cambierà le sue idee.
7. Non puoi mentire con me, ti conosco troppo bene e *non è difficile vedere*/_____ la rabbia che provi per quello che è successo.
8. Questa mattina si è svolto il *confronto diretto*/_____ tra sindacati e imprenditori sulla questione dell'aumento dei salari.
9. Allora Luca si è lasciato con la sua ragazza? Adesso capisco perché ieri quando l'ho incontrato aveva quella *espressione molto triste*/_____.

2 A quali modi di dire dell'esercizio 1 si riferiscono i disegni?

a. _____   b. _____

---

* Inter: è una delle due squadre di calcio, insieme al Milan, della città di Milano.

3 Completa il dialogo con le espressioni della lista. Attenzione: i verbi sono all'infinito.

> a viso aperto   avere una faccia da funerale   sbatterci il muso
>
> fare buon viso a cattivo gioco   leggere in faccia   a muso duro

Giulio: Non dirmi che oggi va tutto bene! Te lo _____ che sei triste.

Mario: No, non sono triste.

Giulio: Strano, _____. È perché Claudia ha rifiutato il tuo invito a cena?

Mario: Sì d'accordo, un po' mi dispiace, erano tre settimane che cercavo di uscirci, davanti a lei quando ha rifiutato il mio invito, _____, e le ho detto che non era importante, che sarà per un'altra volta; ma questa mattina sono triste per questo ennesimo rifiuto.

Giulio: Mi dispiace!

Mario: Sono mesi che cerco una ragazza ma adesso che _____ ho capito che devo cambiare strategia.

Giulio: Bravo! Così mi piaci, non darsi mai per vinti e affrontare le difficoltà _____ senza scoraggiarsi, è il modo migliore per superare le crisi. Qual è il piano successivo?

Mario: Semplice, smetto di cercare una ragazza!

Giulio: Ma come? Vuoi rinunciare? Devi reagire, affrontare _____ il problema senza esitazioni, se qualcuna ti piace le fai capire subito che sei interessato, senza perdere tre settimane.

Mario: E se poi va male?

Giulio: Pazienza... avanti un'altra!

1 Completa l'articolo coniugando i verbi al congiuntivo imperfetto o trapassato.

Emigrazione italiana: una storia di razzismo

Un popolo di selvaggi, brutti, sporchi e cattivi, da tenere a distanza, nei sudici ghetti delle grandi città. Dagli Stati Uniti all'Australia, passando per l'Europa, il sentimento xenofobo contro gli immigrati italiani dilagò come un fiume in piena tra la fine dell'800 e i primi anni del 1900, continuando fino alla metà del secolo scorso.

Titoli di giornali e proclami politici alimentavano la convinzione che gli italiani (*avere*) _____ una predisposizione genetica alla criminalità, e (*essere*) _____ dunque pericolosi per la sicurezza civile. A nessuno importava che la maggior parte di loro (*lasciare*) _____ l'Italia alla ricerca di un lavoro qualsiasi, anche con paghe da fame. Nessuno trovava vergognoso che pochissimi immigrati italiani (*riuscire*) _____ a mettere su un'attività commerciale, e che tali attività spesso (*divenire*) _____ bersaglio di attacchi xenofobi e (*finire*) _____ distrutte.

Nessuno si preoccupava che la miseria e la rabbia (*potere*) _____ condurre molti di loro, soprattutto negli Stati Uniti, a entrare nella malavita locale. Contro i nostri connazionali, si scagliò l'opinione pubblica, che li considerava tutti sovversivi, anarchici, camorristi, mafiosi, assassini.

La stampa dava enorme spazio a singoli fatti di cronaca, in cui capitava che (*essere*) _____ coinvolti criminali italiani, scatenando ondate di razzismo così violente, da sfociare in più di un'occasione in linciaggi di gruppo verso innocenti o incarcerazioni e condanne a morte sommarie.

Uno dei più drammatici e feroci attacchi contro italiani fu quello del 1891 a New Orleans. Nella zona era avvenuto un omicidio e la popolazione locale era convinta che ne (*essere*) _____ responsabili un gruppo di siciliani. La loro assoluzione, dopo un regolare processo, provocò l'inferno. Una folla inferocita di 20mila persone prelevò dal carcere gli 11 italiani e li uccise senza pietà.

Ma la vicenda più nota è senz'altro quella di Nicola Sacco e Bartolomeo Vanzetti, che ha ispirato film e libri. I due anarchici, immigrati negli Stati Uniti, furono arrestati nel 1920, perché si riteneva che (*uccidere*) _____, durante una rapina, un cassiere e una guardia. Dopo un processo senza prove, i due furono condannati a morte e uccisi sulla sedia elettrica. Molto tempo dopo, si scoprirono poi le prove della loro innocenza e il vero colpevole.

da *www.nannimagazine.it*

2 Completa l'articolo coniugando i verbi al modo indicativo o congiuntivo, nei tempi opportuni.

Emigranti Esprèss

Lecce, Brindisi, Bari, Pescara, Ancona, Rimini, Bologna, Parma, Milano: queste le principali fermate del treno "La Freccia Salentina" che in più di 30 anni (*trasportare*) _____ centinaia di migliaia di emigranti da Lecce a Milano e poi su fino a Stuttgart e Bruxelles. Nel 1980 Mario Perrotta aveva 10 anni e una volta al mese andava a Bergamo per farsi regolare l'apparecchio* ai denti. Lui viveva a Lecce con la madre: il padre, professore di scuola superiore, lavorava a Bergamo. I suoi genitori erano comunisti e separati e pensavano che per essere separati e contenti (*occorrere*) _____ almeno 1000 km di distanza tra di loro. Lecce-Bergamo sono 1085 km: distanza perfetta. L'apparecchio ai denti fatto da un dentista di Bergamo permetteva che il bambino (*avere*) _____ un rapporto costante con il padre. In tanti mesi di su e giù Mario ha incontrato su quel treno volti, persone, storie che (*stimolare*) _____ la fantasia di un bambino e che, nel ricordo dell'adulto, (*diventare*) _____ storia: la Storia dell'Italia del Sud che dopo la seconda guerra mondiale emigra verso il nord dell'Europa. Il treno partiva alle 20:10 da Lecce e, siccome nel 1980 non (*esistere*) _____ ancora la prenotazione del posto, l'unico modo per stare seduti fino a destinazione era quello di arrivare un'ora prima in stazione e di provare l'assalto al treno appena arrivava al binario di partenza. La regola voleva che in 3 minuti l'assalto (*finire*) _____, e la fiumana di gente (*occupare*) _____ tutti i posti disponibili: famiglie, padri soli che ritornavano al lavoro che li teneva lontani da moglie e figli, giovani studenti... e poi c' (*essere*) _____ lui, Mario. Mario viaggiava da solo, era quindi necessario che la mamma (*trovare*) _____ una famiglia alla quale affidarlo. La famiglia veniva scelta con cura: bisognava che (*offrirsi*) _____ di badare al bambino gratis, anche a costo di rinunciare ad un posto faticosamente ottenuto assaltando il treno. E così (*cominciare*) _____ il viaggio. E per Mario ogni volta era un viaggio nuovo e diverso: ogni volta poteva guardarsi attorno e incontrare persone nuove che alla fine (*comporre*) _____ il quadro di un'umanità straordinaria.

Emigranti Espress è un'opera notevole di ricostruzione storica, un piccolo quadro su una delle tante facce dell'emigrazione. Si ride e si piange nello stesso momento perché nella vita il dramma a volte (*portare*) _____ con sé anche qualcosa di grottesco e comico. E allora si ride... con le lacrime.

da *www.mangialibri.com*

---

* apparecchio: è un oggetto, generalmente di metallo, che il dentista mette nella bocca per allineare perfettamente i denti. Il nome completo sarebbe *apparecchio ortodontico*.

3 Riscrivi il seguente testo immaginando che sia stato scritto nel 2029, anziché nel 2009.

Oggi la maggior parte degli italiani ha capito che l'immigrazione è un fenomeno ormai stabile e che la maggior parte degli immigrati presenti nel territorio rimarranno in questo paese.

Questa consapevolezza ha provocato vari tipi di reazioni: una parte degli italiani pensa che non ci sia alternativa possibile alla convivenza con persone di culture diverse. Altri vivono questo nuovo fenomeno con preoccupazione, senza schierarsi né da una parte né dall'altra. È però indubbio, purtroppo, che altri si siano schierati apertamente contro la presenza e l'inserimento degli immigrati, e rifiutino categoricamente la società multietnica.

È preoccupante poi che un atteggiamento diffuso di xenofobia trovi l'appoggio di qualche partito che, per ideologia o opportunità politica, cavalca il malcontento. In questa azione di ostacolo allo sviluppo di una società multiculturale, a molti sembra che i mass media giochino un ruolo fondamentale.

I più critici ritengono infatti che nella maggior parte dei casi la stampa e la televisione italiana abbiano trattato l'immigrazione solo in termini di pericolo per la sicurezza sociale, e abbiano allarmato sempre di più l'opinione pubblica, già fortemente condizionata dai pregiudizi. L'immagine dell'emigrato trasmessa dai mass media è talmente stereotipata in senso negativo, che anche in molti immigrati sta nascendo un senso di rifiuto verso le comunità maggiormente prese di mira.

da *www.stranieriinitalia.it*

Nel 2009 la maggior parte degli italiani **aveva capito** *che l'immigrazione* **era un** *fenomeno ormai stabile e che ...* _____

Attrazioni • *Facile e difficile*

1 Inserisci l'aggettivo *facile* o *difficile* nelle espressioni, facendo delle modifiche quando è necessario. Poi scrivi le espressioni accanto alle definizioni corrispondenti, come nell'esempio.

1. È *facile* che arrivi tardi stasera per la cena.
2. Non voglio farla _____, ma qui si può risolvere il problema in 5 minuti!
3. Non posso stare più con una persona che fa di tutto per rendere la vita _____ a tutti.
4. Va bene, la tua vicina esce con molti uomini, ma questo non significa che sia una ragazza di _____ costumi, magari sono solo amici.
5. Non mi piace il carattere del nuovo professore, è troppo _____ all'ira!
6. Nascondi quella bottiglia di vino prima che arrivi mio padre, lo sai che ha il bicchiere _____.
7. So che non vuoi incontrare Sandro, ma è _____ che non venga al matrimonio, è il fratello della sposa!
8. Non mi fido di quel poliziotto, **ha la pistola** _____ !

Definizione	Espressione
a. è poco probabile	
b. beve molto alcool	
c. si arrabbia facilmente	
d. creare problemi	
e. che non rispetta la morale sessuale comune	
f. *è molto probabile*	*è facile*
g. considerare un problema più semplice di quanto non sia	
h. spara con estrema facilità	

2 A quali espressioni dell'esercizio 1 si riferiscono i disegni?

a. _____

b. _____

3 Scegli l'espressione corretta.

1. Lo so, è una partita difficilissima, forse potremmo anche perdere, ma dobbiamo uscire dal campo di gioco con la certezza di essere facili all'ira/ aver reso la vita difficile agli avversari.

2. Guarda che cielo nero, è facile che/è difficile che tra un po' piova.

3. Sono un po' preoccupato per Mario, ha la pistola facile/ha il bicchiere facile e non si alza dal tavolo se non ha finito almeno una bottiglia di vino.

4. Barbara è sempre scontenta e facile all'ira/di facili costumi, non mi piace più uscire con lei, si arrabbia per delle stupidaggini.

5. Prendere una settimana di vacanza?! Hai la pistola facile/La fai facile tu, vorrei vedere te al posto mio. Se non lavoro, a fine mese come lo pago l'affitto?

6. Non vorrai veramente credere alle chiacchiere della gente che descrivono Mara come una che ha il bicchiere facile/donna di facili costumi? Ha avuto diversi fidanzati perché non ha ancora trovato l'uomo della sua vita.

7. I colleghi del poliziotto gli avevano detto che non c'era bisogno di sparare, ma lui ha la pistola facile/è facile all'ira, e infatti ha ferito un tifoso davanti allo stadio.

8. È facile che/È difficile che domani giochi a calcio perché mi sono fatto male ad un piede.

Preposizioni

1 Scegli la preposizione corretta e inserisci nel testo le seguenti frasi, come nell'esempio.

1. Attualmente la camorra si presenta come un'organizzazione di tipo orizzontale,
2. Il soggiorno obbligato a Napoli,
3. *controllare gli isolani ed evitare rivolte*
4. ristrutturare la camorra come organizzazione gerarchica in senso mafioso
5. come il contrabbando di sigarette.

Prova Beta   ● Entra / Registrati

voce	discussione	visualizza sorgente	cronologia

Breve storia della Camorra

Una **alle/delle/sulle** ipotesi storiche vede la camorra nascere e svilupparsi **nello/nel/sul** medioevo **dei/sui/nei** quartieri popolari della città portuale di Cagliari intorno **sul/alle/al** XIII secolo, quando era necessario per Pisa, che allora regolava la politica del luogo, n° _3_. Furono usati mercenari il cui compito era quello di controllare i diversi borghi e mantenere l'ordine pubblico. Questi mercenari possono essere considerati i primi camorristi. Questa gestione di potere passerà **dalle/sullo/sugli** mani **nei/dei/ai** governanti pisani a quelle **dei/sui/nei** governanti spagnoli.

Grazie **negli/sul/al** gioco d'azzardo, **al/delle/del** contrabbando, ma soprattutto **sui/ dalla/alla** protezione **dei/delle/ai** re napoletani, la camorra crescerà **coi/sui/nei** secoli. **Nel/Nella/Della** secondo dopoguerra la camorra inizia ad assumere le caratteristiche tipiche **sui/agli/dei** nostri giorni. n°___ imposto **nel/dal/dallo** governo degli USA **al/alle/ ai** boss Lucky Luciano, contribuì **sullo/dello/al** superamento **degli/sullo/della** dimensione locale **nei/alle/del** fenomeno ed **all'/dall'/nell'**inserimento **dei/dello/sugli** camorristi campani **dagli/negli/nei** grandi traffici illeciti internazionali, n°___ Sulle/ Agli/Negli anni settanta, **sul/del/dal** carcere di Napoli, **sul/nel/al** quale è rinchiuso per omicidio, Raffaele Cutolo, detto 'O Professore, inizia a realizzare il suo progetto: n°___ sfruttando il nuovo business **della/nella/nei** droga; nasce così la Nuova Camorra Organizzata. Il potere raggiunto **sulla/dalla/negli** Nuova Camorra inizia a preoccupare le vecchie famiglie che si riuniscono sotto il nome di Nuova Famiglia, per portare guerra **alla/ al/ai** camorra di Cutolo. La guerra tra le due organizzazioni criminali è spietata e si conclude **nei/negli/nel** primi anni ottanta con la sconfitta di Cutolo. **Nel/Al/Sulla** 1992 ci prova il boss Alfieri a dare **sulla/nella/alla** malavita organizzata campana una struttura verticistica creando la Nuova Mafia Campana, anch'essa scomparsa dopo poco tempo. n°___ con varie bande territoriali più o meno in lotta tra loro, per il controllo **nel/sullo/del** territorio.

da *http://it.wikipedia.org/wiki/Camorra*

2 Completa l'intervista a Roberto Saviano* con le espressioni della lista e collega le domande con le risposte, come nell'esempio.

contro   vicino ai   al di fuori del   al di là dell'

dentro   davanti ai   insieme con   lontana dai

Domande	Risposte
1. Roberto Saviano, tu hai scritto un libro importante come *Gomorra* e benché sia un libro *contro* la criminalità organizzata è il libro più letto nelle carceri. Come si spiega?	a. In realtà credo che riguardo a *Gomorra* è successo qualcosa di strano, cioè io _____ il lettore abbiamo reso pericolosa la scrittura. Il problema è che all'improvviso si supera una soglia di silenzio e questo cambia le cose. La pericolosità della parola penso sia dovuta alla scelta del lettore che decide di sapere.
2. Senti, sei stato più tradotto di Alessandro Manzoni!	b. Beh, sarebbe un bel modo di cambiare le cose, se la sede del giornale *La Repubblica* così _____ centri del potere criminale si spostasse in Sicilia, sicuramente tutti i giorni leggeremmo un'Italia diversa, completamente diversa.
3. Perché raccontare è stato così pericoloso?	c. Credo che arrivare _____ le prigioni sia importante, certo, ma è altrettanto importante arrivare _____ mondo carcerario e spero di esserci riuscito.
4. Però un saggio non avrebbe avuto lo stesso impatto?	d. Sì, anche questa è una cosa bizzarra ma credo che, _____ importanza che il mio libro possa avere per la letteratura italiana, il successo sia dovuto per lo più al fatto che all'estero, oltre che in Italia naturalmente, sono affamati di storie che raccontino la criminalità organizzata vista da un osservatore _____ fatti.
5. Se un grande giornale portasse la sua redazione al sud cambierebbe molto?	e. Forse no, io sono convinto che oggi non rischia chi trova una notizia ma chi la riesce a far passare. A chi _____ fatti non si limita a osservarli ma a trasmetterli.

da *www.chetempochefa.rai.it*

1 _c_ - 2 __ - 3 __ - 4 __ - 5 __

---

* Roberto Saviano (1979) è uno dei più famosi scrittori italiani. Nei suoi articoli e soprattutto nel suo libro, *Gomorra*, uscito nel 2006, usa la letteratura e il reportage per raccontare la realtà economica e culturale della camorra e della criminalità organizzata in generale. Il romanzo è stato tradotto in 43 lingue e ne è stata tratta una versione cinematografica dal regista Matteo Garrone.

15 Collocazioni • *Andare e venire*

1 Associa le parole della lista ai verbi *venire* o *andare*, come nell'esempio.

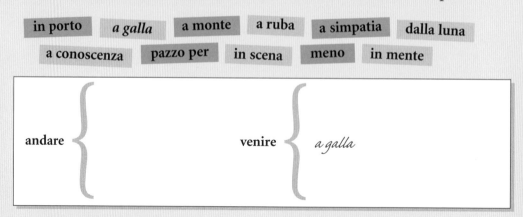

> in porto   a galla   a monte   a ruba   a simpatia   dalla luna
> a conoscenza   pazzo per   in scena   meno   in mente

andare {   venire { *a galla*

2 Collega le espressioni al loro significato, come nell'esempio.

Espressione	Significato
1. *L'affare è andato in porto.*	a. sarà venduto in pochissimo tempo
2. È molto goloso, va pazzo per i dolci!	b. ho saputo, ho sentito dire
3. Quella professoressa va a simpatie, non la sopporto!	c. essere sprovveduto, ingenuo
4. L'affare è andato a monte perché i soci non hanno trovato l'accordo.	d. *è andato bene*
5. Questo nuovo modello di sandali andrà a ruba questa estate.	e. sarà rappresentata
6. La mia commedia andrà in scena la prossima stagione teatrale.	f. gli piacciono moltissimo
7. Sono venuto a conoscenza della truffa tramite suo fratello.	g. è fallito, è sfumato
8. Sembra venire dalla luna, non conosce nemmeno internet!	h. è diminuito, è finito
9. Il nostro entusiasmo è venuto meno.	i. è emersa, è stata scoperta
10. La verità è venuta presto a galla.	l. mi sono reso conto
11. Mi è venuto in mente che non avevo pagato il parcheggio.	m. non è imparziale

3 Metti in ordine le battute dei dialoghi e completale con le espressioni della lista.

Dialogo a.

vado matta per	va a simpatie

n._1_ Gianni: *Allora? Sei stata interrogata?*
n.___ Gianni: Ah, quindi sei stata fortunata.
n.___ Emanuela: Sì, lo sai che _____ gli antichi romani e mi ha chiesto proprio di parlare della vita nell'antica Roma.
n.___ Emanuela: Sì, sì, mi ha messo 8.
n.___ Gianni: Ma dai! 8 con quella di storia?
n.___ Emanuela: Sì, un po' sono stata fortunata, un po' la prof. _____ e da quando sono stata l'unica in tutta la classe a fare quella ricerca, mi tratta in modo diverso.

Dialogo b.

è andata a buon fine	andrà tutto a ruba

n._1_ Mario: *Come mai hai ordinato tutte quelle scarpe da ginnastica?*
n.___ Mario: Ma sei sicura che venderai tutto?
n.___ Nadia: Ho deciso di rischiare… avevo la sensazione che prima o poi questa ditta si sarebbe affermata, ho fatto la mia offerta e la cosa _____, avrò l'esclusiva!
n.___ Nadia: Sì, sono sicura che _____, non me ne resterà nemmeno un paio!

Dialogo c.

è andato tutto a monte	andare in porto

n._1_ Franco: *Quando va in scena il tuo spettacolo?*
n.___ Franco: Come niente da fare?
n.___ Bernardo: Mah, guarda, non lo so, stava per _____ un contratto fantastico con uno dei teatri più all'avanguardia, e poi invece… niente da fare.
n.___ Bernardo: Eh, è arrivato il direttore artistico e ha favorito la compagnia di un suo amico.
n.___ Bernardo: No, con loro _____, ma ora sto provando altrove, non mi arrendo, scommetto che prima o poi riuscirò a rappresentarlo!
n.___ Franco: E non hai potuto fare niente?

Lessico
15 Collocazioni • Andare e venire

Posizione dell'aggettivo

1 Scegli la posizione corretta degli aggettivi *evidenziati*, come nell'esempio. Attenzione: in due casi devi scegliere anche l'articolo o la preposizione opportuni.

L'Aida di Wilson divide l'Opera

Pubblico spaccato a metà per l'Aida ieri sera al Teatro dell'Opera. La *minimalista* versione *minimalista* della *grande* opera *grande* di Verdi firmata dal/dall' *americano* regista *americano* Bob Wilson ha affascinato ma anche irritato il *romano* pubblico *romano*. Un *piccolo* gruppo *piccolo* di contestatori ha rivolto ripetuti "buuu" alla messa in scena, ma ogni volta il resto del pubblico ha applaudito con *grande* enfasi *grande*. E alle grida che venivano dal palco: "Ridateci l'Aida", altre rispondevano dalla platea: "Fossili". *Grandi* applausi *grandi*, e questi non contestati da nessuno, al direttore Daniel Oren. Applausi anche per il soprano cinese Hui He, che ha dato vita ad un'/una *splendida* Aida *splendida*, e al tenore Salvatore Licitra, un Radames più che convincente. Bob Wilson è riuscito ad ottenere il risultato voluto, una commistione di ghiaccio e di fuoco, grazie alle *semplici* scene *semplici*, spogliate dalla "cartapesta", dagli elefanti e dai ventagli, e ridotte a *grandi* spazi *grandi* attraversati dalla luce, e grazie ai movimenti ieratici dei cantanti.

La *fredda* recitazione *fredda*, quasi una *lunga* sequenza *lunga* di un geroglifico, è stata volutamente contrapposta alla *travolgente* musica *travolgente* di Verdi e alla passione che il direttore Daniel Oren è riuscito a infondere nell'orchestra e nel coro del Teatro dell'Opera. Un risultato, quello raggiunto da Bob Wilson, che cambia di **diversi** anni luce **diversi** la prospettiva di questo allestimento, rispetto a quelli che in passato lo hanno preceduto sulla scena capitolina, e che segna anche una **decisa** svolta **decisa** nella programmazione del Teatro dell'Opera di Roma.

da *www.repubblica.it*

2 Inserisci in ogni paragrafo del testo gli aggettivi che trovi nella colonna di destra, come nell'esempio. Gli aggettivi sono in ordine. Attenzione: a volte, quando l'aggettivo va prima del nome, dovrai cambiare gli articoli. Poi associa i tre disegni in fondo ai paragrafi a cui si riferiscono.

1	*Melomane* è una persona che nutre una passione per l'opera. Il termine *melomane* viene interpretato con accezioni, talvolta d'ammirazione, talvolta di scherno. L'appassionato di lirica si riconosce volentieri in parola, che intende come sinonimo di esperto o di intenditore di opera. Molti però attribuiscono a questo termine una connotazione. Per costoro, *melomane* significa *pignolo all'eccesso*, se non, addirittura, *saccente*, *borioso*, perfino *intollerante*.	*viscerale* lirica differenti questa negativa
2	I melomani sembrano infatti godere nella ricerca dell'errore, danno l'impressione di appassionarsi più per una stonatura del cantante (la cosiddetta "stecca") piuttosto che per un'aria. Talvolta sembra che se ne stiano in agguato ad attendere "la preda", cioè il cantante di turno, per coprirlo di fischi all' imperfezione.	singola ben cantata sfortunato prima
3	I melomani preferiscono seguire lo spettacolo dal Loggione, la parte del teatro. Il Loggione offre i posti più economici del Teatro. Oltre alle poltroncine, sono disponibili anche posti in piedi - non prenotabili - la cui vendita inizia immediatamente prima dello spettacolo.	più alta intero normali
4	Il Loggione, per la sua posizione rialzata, così vicina al soffitto, rappresenta la tribuna dalla quale i melomani, giudici, possono dominare - anche in senso fisico - il teatro, armati di fischi, di "buu" e di verdura più o meno fresca, ma anche di applausi scroscianti e fiori da donare agli artisti ritenuti più meritevoli.	ideale severi intero
5	Un aspetto è legato al costo del biglietto. Come abbiamo detto, il Loggione offre i prezzi più economici. Il melomane non si limita ad assistere ad uno spettacolo ogni tanto. Quando un teatro mette in cartellone un'opera, il melomane non perde una replica. Pertanto, il preferire biglietti o abbonamenti, deriva dalla necessità di poter essere a teatro praticamente tutte le sere.	altro nuova lirica economici

da *it.wikipedia.org*

  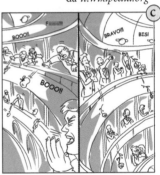

a ___ - b ___ - c ___

1 Leggi il dialogo e scegli l'espressione corretta.

Ciro: L'altro giorno mi è successa una cosa terribile!

Bianca: Cosa ti è successo? Dai, racconta!

Ciro: Giovedì ero dalle parti della stazione, saranno state le sei, le sette di sera. Stavo aspettando l'autobus quando vedo arrivare verso di me un uomo vestito di nero. Era abbastanza robusto, **figurati/anzi** direi decisamente grosso. Mi si avvicina e mi dice qualcosa.

Bianca: Che cosa ti dice?

Ciro: All'inizio non capivo, pensavo fosse straniero. Poi, l'uomo vestito di nero tira fuori dalla tasca un coltello e mi dice: "Dammi il portafoglio!".

Bianca: E tu?

Ciro: Che potevo fare? Ero spaventatissimo, tremavo **addirittura/ma pensa un po'** dalla paura, e gli ho dato il portafoglio.

Bianca: Terribile!

Ciro: Aspetta, non è **macché/mica** finita. Dopo cinque minuti, decido di andare alla stazione di polizia e... chi c'è lì vicino? Lo stesso rapinatore che esce da un cespuglio e mi dice: "Mi ero dimenticato qualcosa." e mi prende l'orologio e il cellulare.

Bianca: **Pure/Figurati!** Ma veramente?

Ciro: Aspetta. Continuo a camminare verso il posto di polizia, non ero più spaventato, ero arrabbiato, **mica/anzi** furioso per quello che mi era successo, ma pensavo che almeno il computer nello zaino si era salvato.

Bianca: Beh! Almeno, nella sfortuna, ti sei salvato il computer.

Ciro: **Macché/Pure!** È proprio adesso l'incredibile. Ero a pochi metri dal posto di polizia quando mi si accosta una macchina, esce un uomo, era lui! Lo stesso rapinatore, che mi dice di consegnargli la borsa con il computer, altrimenti... e mi fa vedere il coltello.

Bianca: **Addirittura/Anzi!** Era sempre lo stesso? E tu che hai fatto?

Ciro: Che potevo fare? Gli ho dato il computer.

Bianca: **Ma pensa un po'/Mica...** certo che è una storia veramente incredibile. Guardami bene in faccia. Io non ci credo molto a quello che dici, **figurati/mica** se un ladro si mette a rubare davanti al posto di polizia.

2 Inserisci nelle frasi una o più espressioni possibili della lista.

addirittura   anzi   pure   figurati

macché   ma pensa un po'   mica

1. Va bene che fa freddo, ma tu ti sei messo _____ due maglioni!

2. Ti assicuro amore che tornerò presto, _____ prestissimo.

3. Lavorare con quell'uomo?! Mi coprisse _____ d'oro, non accetterei.

4. _____ viaggio ai Caraibi! Non riesco neppure a pagare l'affitto!

5. E tu credi ancora alle promesse del direttore? _____ se un bugiardo come lui ti dà l'aumento.

6. Ritorni a casa dopo tre giorni e mi dici che ti hanno rapito gli alieni. _____, tutte a te succedono.

7. Non avrai _____ preso i biglietti per il concerto senza avvertirmi?

8. Sposarmi alla mia età? _____ sono pazzo!

9. Sono senza parole: prima mi dici che non mi ami più e ora scopro che hai _____ un amante!

10. Non penso che sia un ristorante economico, _____ secondo me è molto caro.

1 Completa l'articolo scegliendo, tra *che* e *chi*, il pronome relativo più appropriato.

BIOLOGICO,
in Italia una scelta vincente
tra gli scaffali dei supermarket

Il consumo di prodotti alimentari biologici in Italia è in continua crescita. Ormai le grandi catene di supermercati, da Coop a Esselunga, da Carrefour a Conad, da Crai a Despar, hanno tutte una linea di prodotti dedicata al biologico.

Esiste un consumatore tipo di biologico: c'è una concentrazione maggiore rispetto alla media in certe fasce d'età, geografiche e anche di educazione. È il caso delle persone comprese fra i 30 e i 45 anni oppure della popolazione **che/chi** vive in città del Nord Italia e **che/chi** ha un'educazione medioalta. Riguardo alle ragioni **che/chi** spingono gli italiani ad acquistare prodotti biologici, l'Istituto di ricerche per l'agricoltura biologica ha individuato tre motivazioni principali: c'è **che/chi** sceglie i prodotti biologici perché li considera sani (58%) e **che/chi** perché non ci sono additivi chimici (18%), mentre un altro 11% è convinto **che/chi** si tratti di un consumo che favorisca uno sviluppo ambientalmente corretto.

Come spiega Fabrizio Ceccarelli, responsabile Coop per i prodotti biologici «ormai gli acquirenti dei nostri prodotti a marchio BioLogici Coop si sono consolidati e fidelizzati. Ora la sfida è quella di "convertire" anche **che/chi** acquista saltuariamente». Ecco spiegata, dunque, la scelta di Coop per una gamma amplissima di prodotti Bio. «Il nostro obiettivo», precisa ancora Ceccarelli, «è consentire a **che/chi** lo desidera, di fare una spesa tutta biologica: dalla frutta alla carne allo yogurt». Una strategia simile a quella di Esselunga, **che/chi** lanciò per prima nel 1999 una linea dedicata al biologico (Esselunga Bio) con ben 500 prodotti.

La vendita di prodotti biologici non è l'unica modalità con cui la grande distribuzione rispetta l'ambiente. Una sperimentazione originale e d'avanguardia è quella della Crai **che/chi** ha inaugurato i primi tre EcoPoint. Gli EcoPoint sono costituiti da tanti contenitori di grandi dimensioni in speciale plastica trasparente **che/chi** consentono di acquistare sfusi prodotti **che/chi** oggi esistono solo confezionati. È il caso della pasta, del riso, delle caramelle, di tanti tipi di legumi, della frutta secca, delle spezie ma anche del caffè e di ogni tipo di cereale. In questo modo si riduce sensibilmente l'impatto delle confezioni sull'ambiente.

da *www.repubblica.it*

2 Inserisci nel testo i pronomi relativi della lista, come nell'esempio.
I pronomi non sono in ordine. Attenzione: ci sono tre spazi in più del
necessario.

che   che   che   che   che   il che   chi   chi

Vale la pena di acquistare cibo biologico?
Vediamo insieme come spendere meno e mangiare più sano

In questo momento, con il prezzo del cibo *che* aumenta non è semplice
pagare di più per acquistare cibo biologico.
Una buona notizia è che non sempre è necessario comprare tutti alimenti
biologici per avere la sicurezza di mangiare sano. È semplicemente
necessario stare attenti: leggere sempre le etichette e fare attenzione alla
provenienza, preferendo i cibi _____ provengono da un'area ristretta, ad
esempio la nostra provincia.
Se poi andiamo sul biologico, quello _____ dobbiamo sapere è che i cibi
organici sono coltivati senza pesticidi sintetici e fertilizzanti chimici, _____
significa meno residui chimici sia nei nostri organismi che nell'ambiente.
Però questo li rende più costosi, _____ dal 10 al 100% più dei prodotti
tradizionali.
La scelta migliore non è quindi quella _____ di optare al 100% sul
biologico, poiché non tutti i cibi "tradizionali" sono imbottiti di pesticidi.
Quello _____ dobbiamo fare è proteggere la nostra salute, l'ambiente e
anche il portafogli e _____ possiamo farlo selezionando alcuni prodotti
biologici di base e continuando ad utilizzare una quota di prodotti
convenzionali.
Del resto, _____ preferisce mangiare la mela con la buccia fa meglio a
comprarla da agricoltura biologica, ma _____ la compra biologica e poi la
sbuccia, beh… ha buttato i soldi.
Noi però abbiamo preparato un'utile guida per indirizzare bene i nostri
acquisti. Troverete una lista di alimenti biologici da preferire e una lista di
cibi convenzionali _____ possiamo comunque mantenere all'interno della
nostra alimentazione.

da *www.unblogindue.it*

3 Completa il volantino con i pronomi relativi della lista a sinistra e, dove necessario, con le preposizioni della lista a destra.

Pronomi relativi					
che	il che	che	chi	chi	cui
cui	cui	i quali	i quali	quanti	

Preposizioni		
attraverso	durante	
per	tra	da

"IO FACCIO LA SPESA GIUSTA" CON NATURASÌ

Momenti di sensibilizzazione ed informazione nei bio-supermercati per la settimana nazionale del commercio equo e solidale.

NaturaSì* conferma la sua partecipazione a "Io faccio la spesa giusta", la quinta edizione della settimana per il commercio equo e solidale organizzata da **Fairtrade TransFair Italia**, dal 18 al 26 ottobre. Sette giorni di mobilitazione nazionale _____ sarà promosso un modo di fare la spesa _____ unisce qualità ambientale delle coltivazioni biologiche alla giustizia sociale (salari adeguati, margini da investire in servizi sociali e sanitari) garantita dal marchio **Fairtrade**, _____ questa iniziativa è stata ideata.
Oltre 3000 i punti vendita coinvolti nell'iniziativa, _____ anche i 64 supermercati NaturaSì, la _____ azione si affianca a quella di librerie Feltrinelli, centri culturali, filiali di Banca popolare Etica, Legambiente e ristoranti. L'adesione dei "Supermercati della natura" a questa iniziativa rientra nel percorso _____ la principale catena di supermercati biologici in Italia sta rendendo il proprio marchio sempre più sinonimo di rispetto delle persone, del loro lavoro, della loro salute, del loro ambiente. Valori _____ rendono i NaturaSì luoghi di cultura, _____ crede in uno stile di vita sostenibile.
Durante la settimana di "Io faccio la spesa giusta" _____ si recherà nei bio-supermercati NaturaSì potrà acquistare prodotti a marchio NaturaSì certificati Fairtrade al 15 per cento di sconto.
Obiettivo di *Io faccio la spesa giusta* è dare la possibilità ad un numero sempre maggiore di consumatori di conoscere altre modalità di acquisto responsabile. In tutto il mondo è sempre più alto il numero di _____ scelgono il commercio equo. Nel 2007 in tutto il mondo sono stati acquistati prodotti certificati Fairtrade per 2,3 miliardi di euro, _____ contribuisce a sostenere un milione e mezzo di produttori e lavoratori di 58 paesi in via di sviluppo.

da *www.naturasi.it*

* NaturaSì è la più grande catena di supermercati specializzati nella distribuzione di prodotti biologici in Italia. Esiste dal 1992 ed ha 56 supermercati distribuiti in tutto il paese.

1 Inserisci gli aggettivi *evidenziati* al posto giusto nella tabella e scrivi il verbo da cui derivano, come nell'esempio.

Il Comune di Roma vicino al turista per una città più *vivibile*!
Da oggi in vendita tessere e card nei P.I.T.

Nei Punti Informativi Turistici della città di Roma, oltre al materiale *informativo* turistico culturale, da ora in poi troverete:
- card turistiche: Roma Pass e Roma & Più Pass
- titoli di viaggio: Metrebus, ATAC e relative Mappe
- biglietteria per la navigazione sul Tevere, per il servizio Roma Open Tour e per i servizi Trambus Open 110 Open Tour e Archeobus.

Inoltre per tutti coloro che vengono a Roma per motivi religioso-culturali, da marzo 2009, sono in vendita presso i P.I.T. le iniziative "Roma Cristiana": visite guidate sia a bordo di Open Bus sia a piedi per rendere il vostro soggiorno più *piacevole* ed *emozionante*!

Bolzano, acido corrosivo contro una giovane donna!

È accaduto ieri sera in pieno centro mentre tornava a casa.

Chiacchierava al cellulare con un'amica, poi ha avvertito un leggero formicolio alla gamba. Arrivata a casa si è resa conto che i suoi jeans e il *pesante* cappotto di pelle erano intrisi di un *potente* liquido *corrosivo*, che aveva intaccato la stoffa ed era penetrato fin sulla pelle, provocandole lesioni profonde. Questa è la seconda volta che un'azione non *tollerabile*, frutto di una mente malata, accade ai danni di donne innocenti. Il sindaco promette l'impiego di tutte le forze a sua disposizione per la ricerca del colpevole.

Raid contro romeni

Spedizione contro quattro romeni, proprio dopo l'assassinio di una donna italiana.

Il giorno dopo la morte di Giovanna Reggiani, aggredita barbaramente quarantotto ore prima, grave episodio di xenofobia ai danni di un gruppo di romeni. Una vera e propria "spedizione *punitiva*", compiuta in serata da circa dieci persone che, con il volto coperto da caschi o passamontagna, hanno aggredito a bastonate quattro romeni innocenti.

Reazione razzista non *giustificabile* degli italiani mossi dalla rabbia!

Suffissi					
-ivo/a	-ante	-ente	-ibile	-evole	-abile
			vivibile / vivere		

2 Scegli il suffisso corretto per trasformare i verbi in aggettivi e completa le frasi, come nell'esempio. Attenzione al singolare e al plurale.

Suffissi	
-abile	-ibile
-ente	-evole

Verbi				
bere	credere	commuovere	durare	mangiare
praticare	raggiungere	realizzare		riciclare

1. ■ Dove butto questa bottiglia?
   ● Nel contenitore del vetro: è _riciclabile_.
2. Mi ha raccontato una storia poco _____, non riuscirò a convincere i giudici della sua innocenza!
3. ■ Come sono questi aperitivi della casa?
   ● Non male, assolutamente _____ e _____: c'è un buon prosecco, patatine, e anche qualche pizzetta calda!
4. Credo che questo sia un progetto facilmente _____, bisogna solo trovare delle persone motivate e con del tempo da dedicarci.
5. Era una situazione _____, non so come ho fatto a non far vedere le lacrime!
6. ■ Posso passare per la stradina di campagna?
   ● Sì, sì, da oggi è di nuovo _____, hanno tolto l'albero che era caduto!
7. Da questa casa la spiaggia è _____ in 5 minuti. Guardi, da questa finestra si vede il mare!
8. ■ Perché dovrei scegliere questa casa che è più costosa?
   ● Perché è stata costruita con materiali resistenti affinché possa essere _____ nel tempo e non abbia bisogno di continui interventi esterni.

2 Forma il contrario degli aggettivi, utilizzando i suffissi *im-*, *in-* o *ir-*. Attenzione: per altri due aggettivi, oltre a quello dell'esempio, devi ricorrere alla negazione *non*.

1. praticabile: _impraticabile_
2. durevole: _non durevole_
3. credibile: _____
4. raggiungibile: _____
5. realizzabile: _____
6. riciclabile: _____
7. commovente: _____
8. mangiabile: _____
9. bevibile: _____

1 Completa l'articolo con i verbi all'infinito o coniugati al congiuntivo imperfetto. Attenzione: uno dei verbi al congiuntivo imperfetto deve essere nella forma passiva.

"Eterna Roma, la più amata dai milanesi"

Indagine on line: il 18% dei milanesi vorrebbe (*trasferirsi*) _____ *a vivere nella capitale.*

Vado a vivere in campagna?
Macché. Il milanese stressato guarda a Roma. Corre, corre e pensa alla Capitale. Gli piacerebbe che Milano (*avere*) _____,
come Roma, una dimensione più umana e meno ansiogena, che (*scoprire*) _____
tempi più lenti ma non per questo meno produttivi.
Sotto sotto c'è quella romanità che diverte in tanti lassù a Milano, quel modo più tranquillo di prendere la vita e dunque di godersela.
Alla domanda "in quale altra città ti piacerebbe (*vivere*) _____?", perciò, la maggioranza dei milanesi, il 17,9%, ha risposto: "Roma". Il dato emerge da un'indagine on line realizzata dal portale Virgilio e da Globe, la fiera romana del turismo professionale.
Stranamente però, sempre ai milanesi, non piace l'idea di fare un viaggio a Roma: il 40,4% vorrebbe

che Roma (*essere*) _____ più pulita, e il 23,3% che (*diventare*) _____ più sicura.
Diversa, in parte, l'opinione dei romani, ai quali è stato chiesto "cosa cambieresti della tua città per attrarre i turisti?": vorrebbero che a Roma ci (*essere*) _____
meno traffico e i trasporti pubblici (*funzionare*) _____
meglio (30%), che le strade (*essere*) _____ più pulite
(28,5%), che i prezzi (*calare*) _____ (26,6%).
"Sarebbe bene che tutti questi dati (*analizzare*) _____
per lavorare in meglio. - dice l'assessore alla cultura Umberto Croppi - Roma è sicuramente una città che offre una qualità della vita migliore, per motivi climatici e paesaggistici, dunque si capisce la scelta dei milanesi.
Per quanto riguarda l'altro dato, invece, quello relativo alle vacanze, sarebbe ora che i milanesi (*rivedere*) _____ alcuni
pregiudizi su Roma. È utile però avere questi dati. Abbiamo un buon lavoro da fare per far capire che il soggiorno turistico a Roma ha tutti i requisiti giusti anche sotto il profilo della sicurezza".

da *www.ilmessaggero.it*

2 **Completa i post del blog con i verbi coniugati nel tempo opportuno del congiuntivo.**

I milanesi non sopportano Roma?
Niente di più falso, vorrebbero viverci

pubblicato: domenica 29 marzo 2009 da Valentina Nicolò in: Abitare a Roma

Da sempre si crede che Roma e Milano (*essere*) _____ due città italiane contrapposte e nemiche. A contraddire questa classica antipatia tra le due città è un sondaggio riportato dal quotidiano "Il Messaggero", secondo il quale il 18% dei milanesi preferirebbe vivere a Roma.
E voi che ne pensate? Ci andreste mai a vivere?

---

mauro33@libero.it
30 mar 2009 - 16:44 - #18

0
punti

Vorrei tanto che qualcuno mi (*spiegare*) _____ dov'è la notizia: se il 18% dei milanesi preferirebbe vivere a Roma, l'82% non ci vivrebbe MAI e poi MAI! La stragrande maggioranza dei milanesi infatti ne ha un'idea MOLTO negativa. E lo dico a malincuore, perché anche a me piacerebbe che qualche concittadino di Milano (*venire*) _____ a farmi compagnia nella Capitale... ma non se ne vede l'ombra.
Ho ospitato molte persone del nord da quando vivo qui a Roma, da qualche anno a questa parte. Inizialmente il loro giudizio è positivo, pensano che Roma (*avere*) _____
un fascino irresistibile, come Venezia, ma quanti più giorni passano a Roma, tanto più si rendono conto della difficoltà di viverci e della bassa qualità della vita.
Purtroppo Roma è una città molto sciatta, molto disordinata, molto cafona. E purtroppo i primi giorni non ce ne si rende conto. L'occhio non cade (giustamente!) su queste cose, ma ben di più sulle meraviglie del centro storico.
Da milanese che vive a Roma desidererei tanto, per esempio, che qui la guida (*essere*) _____ ordinata e rispettosa del codice della strada. Invece è una vera e propria giungla, dove ognuno si fa le proprie regole calpestando gli altri.
E poi vorrei che qui negli anni '60 e '70 non (*loro - costruire*) _____ periferie squallide, senza verde e servizi, e che (*loro - preferire*) _____ invece quartieri residenziali più razionali e vivibili, come quelli di Milano.
Mi piacerebbe che Roma (*essere*) _____ meno sporca, e che i romani (*avere*) _____ più senso civico, che per esempio al supermercato (*usare*) _____ i guanti per prendere la frutta invece di tastare tutto con le mani sporche nonostante (*avere*) _____ i guanti a portata di mano.
E vorrei tanto, infine, che negli ultimi dieci anni il comune di Roma (*fare*) _____ di più per educare i romani alla raccolta differenziata dei rifiuti.
Detto questo, anche Milano avrebbe possibilità di crescita, perché penso non (*avere*) _____ il respiro di una grande città metropolitana europea, e per alcuni versi mi sembra che (*essere*) _____ ancora un po' provinciale e con opportunità - al di fuori del lavoro, in cui funziona alla grande ed è un esempio per Roma - poco sviluppate.

---

da *www.06blog.it*

Modi di dire • Personaggi

1 Collega i modi di dire alle definizioni, come nell'esempio.

1. *fare da Cicerone*
2. essere una vittoria di Pirro
3. essere un Don Giovanni
4. dare a Cesare quel che è di Cesare
5. fare una vita da Nababbo
6. essere il segreto di Pulcinella
7. essere un Giuda
8. fare il Bastian contrario

a. vivere in modo lussuoso
b. essere un traditore
c. *fare da guida in una città*
d. andare sempre in cerca di avventure amorose
e. essere una notizia nota a tutti
f. dare a qualcuno quello che deve avere
g. avere successo a caro prezzo, con più danni che vantaggi
h. andare controcorrente

1 _c_ - 2 __ - 3 __ - 4 __ - 5 __ - 6 __ - 7 __ - 8 __

2 Completa le frasi con le espressioni della lista.

è stata una vittoria di Pirro   è il segreto di Pulcinella   è un Giuda

fa una vita da Nababbo   è un Bastian contrario   è un Don Giovanni

sarò il vostro Cicerone   darà a Cesare quel che è di Cesare

1. Siccome tuo zio non ha lasciato un testamento, bisognerà rivolgersi al giudice che _____.
2. No, non mi parlare di Sandro, ha rivelato il piano ai concorrenti, _____!
3. È vero, abbiamo battuto la squadra più forte, ma abbiamo 8 giocatori su 11 infortunati che non potranno giocare la finale; in definitiva _____.
4. Da quando ha sposato quella donna ricchissima _____.
5. Giacomo con le ragazze _____, ha ancora bisogno di sentirsi giovane e di sedurre.
6. Non ce la faccio più a stare con Davide, _____, diventa sempre più pesante e insopportabile, dice di no a tutto!
7. Non vi preoccupate, quando verrete a Venezia _____ perché conosco bene la città.
8. Ormai _____ che hai deciso di cambiare lavoro, non continuare a parlarne con tutti dicendo che è una notizia confidenziale.

Grammatica

1 Completa le forme passive dei verbi coniugando gli ausiliari al tempo indicato.

L'Italia da anni è il paese con la più bassa natalità al mondo. Le donne italiane hanno in media poco più di un figlio a testa, per la precisione uno virgola due.

Quali sono le ragioni? Nel suo documentario, dal titolo, appunto, *Uno virgola due*, Silvia Ferreri ne scopre molte, ma la ragione principale è che l'Italia non è un paese pronto a sostituire la figura della "madre" con quella della "madre lavoratrice".

UNO
VIRGOLA
DUE

UN DOCUMENTARIO
DI SILVIA FERRERI

Il film di Silvia Ferreri dà voce a quelle madri lavoratrici che _____ spostate da una città | *ausiliare venire / presente*
all'altra, a cui _____ tolte le mansioni di | *ausiliare venire / presente*
responsabilità, che _____ scavalcate dai | *ausiliare venire / presente*
colleghi maschi, che _____ costrette a | *ausiliare essere / presente*
nascondere la maternità fino agli ultimi mesi. Nel nostro paese se una giovane donna si presenta ad un colloquio di lavoro quasi sempre le _____ | *ausiliare venire / futuro*
chiesto se ha intenzione di sposarsi o di avere figli.
Il progetto del documentario _____ finanziato | *ausiliare essere / passato prossimo*
interamente dal Comune di Roma. Le riprese sono durate circa dieci mesi, periodo in cui l'autrice ha raccolto un gran numero di interviste e testimonianze.
Le storie _____ raccontate direttamente dalle | *ausiliare venire / presente*
protagoniste: donne che _____ licenziate a | *ausiliare essere / passato prossimo*
causa della gravidanza, donne costrette ad abbandonare "volontariamente" il proprio lavoro, donne che hanno subìto mobbing.
Oltre alle testimonianze delle donne, _____ | *ausiliare essere / passato prossimo*
raccolti numerosi pareri di esperti e tecnici, tra cui ricercatori, politici, legali, medici del lavoro, psicologi, esperti di mobbing.

da *www.unovirgoladue.com*

2 Completa i testi coniugando i verbi alla forma passiva, nel modo e nel tempo opportuni.

Donne, o i figli o il lavoro

Così *(discriminare)* _____ le madri

Una su cinque si licenzia o *(cacciare)* _____.

Teresa, 34 anni, Roma, laurea in economia e commercio.
"Avevo un lavoro a tempo determinato in una banca. Erano soddisfatti di me, mi *(assicurare)* _____ che il contratto *(rinnovare)* _____.
Sono rimasta incinta, ricordo che cercavo di nascondere la gravidanza con vestiti larghi; non *(chiamare)* _____ più _____".

Stefania, 33 anni, Roma, laurea in scienze politiche, master alla Normale di Pisa.
"Puntualmente, ai colloqui di lavoro *(mettere)* _____ di fronte alla domanda: Lei ha intenzione di sposarsi o di avere figli a breve?
Io mi rifiutavo di rispondere, replicavo che questa non era questione attinente alle mie competenze professionali. Va da sé che non *(assumere)* _____ mai _____".

Maria Grazia, 34 anni, Roma. "Lavoravo come commessa per una catena di profumerie che aveva un negozio proprio sotto casa mia. Quando rimasi incinta del secondo figlio, prima mi *(chiedere)* _____ di dimettermi, poi *(spostare)* _____ in una sede molto lontana. Una volta partorito, il medico sbagliò di un giorno la data su un certificato. La corresse 24 ore dopo. *(Licenziare)* _____ per frode e falso. Mi sono rivolta a un avvocato. Sono passati tre anni e ancora non *(ascoltare)* _____ i testimoni".

da *www.unovirgoladue.com*

3 Completa i testi rimettendo in ordine le frasi mancanti, come nell'esempio.

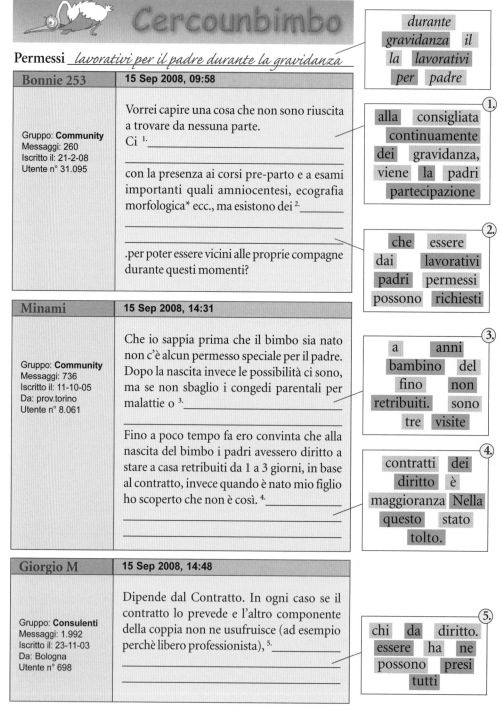

Cercounbimbo

Permessi *lavorativi per il padre durante la gravidanza*

durante gravidanza il la lavorativi per padre

Bonnie 253	15 Sep 2008, 09:58
Gruppo: **Community** Messaggi: 260 Iscritto il: 21-2-08 Utente n° 31.095	Vorrei capire una cosa che non sono riuscita a trovare da nessuna parte. Ci ¹._____ con la presenza ai corsi pre-parto e a esami importanti quali amniocentesi, ecografia morfologica* ecc., ma esistono dei ²._____ .per poter essere vicini alle proprie compagne durante questi momenti?

(1.) alla consigliata continuamente dei gravidanza, viene la padri partecipazione

(2.) che essere dai lavorativi padri permessi possono richiesti

Minami	15 Sep 2008, 14:31
Gruppo: **Community** Messaggi: 736 Iscritto il: 11-10-05 Da: prov.torino Utente n° 8.061	Che io sappia prima che il bimbo sia nato non c'è alcun permesso speciale per il padre. Dopo la nascita invece le possibilità ci sono, ma se non sbaglio i congedi parentali per malattie o ³._____ Fino a poco tempo fa ero convinta che alla nascita del bimbo i padri avessero diritto a stare a casa retribuiti da 1 a 3 giorni, in base al contratto, invece quando è nato mio figlio ho scoperto che non è così. ⁴._____

(3.) a anni bambino del fino non retribuiti. sono tre visite

(4.) contratti dei diritto è maggioranza Nella questo stato tolto.

Giorgio M	15 Sep 2008, 14:48
Gruppo: **Consulenti** Messaggi: 1.992 Iscritto il: 23-11-03 Da: Bologna Utente n° 698	Dipende dal Contratto. In ogni caso se il contratto lo prevede e l'altro componente della coppia non ne usufruisce (ad esempio perchè libero professionista), ⁵._____

(5.) chi da diritto. essere ha ne possono presi tutti

da *www.cercounbimbo.net*

---

* amniocentesi: prelievo di liquido amniotico per la diagnosi precoce di malformazioni.
   ecografia morfologica: esame che usa onde ultrasonore per poter vedere le strutture anatomiche del feto.

4 Nel seguente testo ai verbi coniugati nella forma passiva mancano gli ausiliari *andare*, *essere* e *venire*. Rimettili al posto giusto, come nell'esempio.

REGOLAMENTO ASILO NIDO **BIDIBIMBI**
ANNO SCOLASTICO 2008/2009

1	**Criteri di ammissione** La domanda di ammissione può presentata presso la Direzione dell'Asilo in qualsiasi periodo dell'anno. Le domande di iscrizione accolte in ordine di arrivo fino ad esaurimento dei posti. **Iscrizione** Le domande di iscrizione redatte su modelli prestampati che possono scaricati dal nostro sito. La quota di iscrizione annuale è di € 250,00 e non è restituibile.	verranno *essere* essere vanno
2	**Retta** La retta per la frequenza dell'Asilo è annuale e può rateizzata in quote mensili. Le Rette mensili per la frequenza dell'Asilo Nido Bidibimbi sono così articolate: · Full time - Orario dalle 7.30 alle 18: € 560,00. · Part time mattino - Orario dalle 7 alle 13: € 475,00. · Part time pomeriggio - Orario dalle 13 alle 19: € 400,00. Alla retta mensile aggiunti 40 euro per le spese di riscaldamento, solo per i 6 mesi invernali da novembre ad aprile compresi. La retta annuale scontata del 4% qualora versata in un'unica rata annuale all'inizio della frequenza.	sarà vanno venga essere
3	**Pagamento** Le quote mensili pagate anticipatamente entro il 5° giorno del mese corrente (Esempio: la retta per la frequenza del mese di gennaio pagata entro il 5 gennaio). **Alimentazione** richiesta ai genitori la tempestiva comunicazione dell'eventuale cambiamento di alimentazione o di tipi di alimenti. Eventuali allergie o intolleranze segnalate all'atto dell'iscrizione fornendo un certificato del pediatra.	viene vanno vanno va

da *www.bidibimbi.it*

1 Leggi il testo della canzone e scrivi le parole *evidenziate* sotto ai disegni corrispondenti, come nell'esempio. Attenzione: ci sono due disegni in più. Scrivi a quali parole si riferiscono.

A me sembra un gran pasticcio

c'è qualcosa che non va,

eppur io l'ho visto scritto sopra i libri di papà…

È ben strano che la *torre* sia più grande del *torrone*

e ancor più piccina sia una *pulce* d'un *pulcin*,

che nel cielo stiano i *lampi* e i *lamponi* in un cestino,

che la nave stia nel *porto* ma non passi dal *portone*,

per il vin nella cantina ho portato un bel *bottone*!

Ma non serve, non funziona,

c'è qualcosa che non va!

Per condire il minestrone, ho provato col *burrone*

ma non serve, non funziona,

c'è qualcosa che non va!

Canzone *Che pasticcio la grammatica*
di Menillo Martelli Langosz

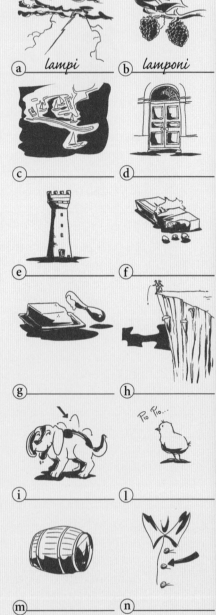

ⓐ *lampi*   ⓑ *lamponi*

ⓒ _____   ⓓ _____

ⓔ _____   ⓕ _____

ⓖ _____   ⓗ _____

ⓘ _____   ⓛ _____

ⓜ _____   ⓝ _____

2 **Leggi le frasi e scegli il nome corretto.**

1. Oggi per strada ho trovato una casina/un casino/una casetta perché c'era lo sciopero degli autobus e ho fatto tardi!
2. Ho visto una borsa in vetrina/in vetro/in vetrino, voglio andare a comprarla.
3. Abbiamo litigato per organizzare la cena/il cenone/la cenetta di Capodanno, è sempre un problema decidere cosa mangiare e dove andare.
4. Ci siamo incontrati per caso/casotto/casaccio in un ristorante del centro.
5. Per iniziare a dipingere devo comprarmi le penne/le pennette/i pennelli e il cavalletto/il cavallo/il cavalluccio.
6. Non ci crederai, ma Marco si è messo di nuovo a giocare a palla in soggiorno e ha rotto un'altra volta il vetro/la vetrina/il vetrino della finestra.
7. L'estate scorsa in piscina c'era un bagnino/un bagno/un bagnetto bellissimo, tutto muscoloso e abbronzato.
8. Uso sempre il bikini perché mi piace avere la pancia/il panciotto/il pancino abbronzata/o.
9. Il muratore ha detto che servono altri mattoni/matti/mattini per finire la casa.
10. Quel vestito sta bene addosso a un manichino/una manica/un manico, non a noi che siamo basse. Proviamoci invece quella gonna!

3 **Abbina le parole ai disegni corrispondenti.**

a. collo ____
b. colletto ____

c. capello ____
d. capellone ____

e. spago ____
f. spaghetto ____

g. monte ____
h. montone ____

i. scontro ____
l. scontrino ____

m. ombra ____
n. ombretto ____

4 Scegli la definizione corrispondente alle parole della lista, come nell'esempio. Attenzione: non tutte le definizioni sono giuste.

	a. canna grossa e lunga
	b. femmina piccola del pollo
1. *cannone*: ___n___	**c.** breve canto popolare
	d. piccolo verme
2. gallina: ___	**e.** grosso uccello che non vola della famiglia dei polli
3. boccone: ___	**f.** piccolo grillo
	g. una foca molto brutta che si comporta male
4. focaccia: ___	**h.** colore violaceo che tende al rossiccio
	i. bocca molto grossa
5. vinaccia: ___	**l.** tacco piccolo e basso delle scarpe
	m. posto sotterraneo e fresco usato per custodire vino e oggetti vari
6. cantina: ___	**n.** *arma da fuoco con la canna lunga e larga*
7. tacchino: ___	**o.** proprietario di qualcosa
	p. quantità di cibo che si mette in bocca
8. vermicello: ___	**q.** padre grande
	r. piccola leva che nelle armi da fuoco provoca lo sparo
9. padrone: ___	**s.** femmina del pollo
10. grilletto: ___	**t.** tipo di uva aspra e acidula che serve per fare l'aceto di vino
	u. tipo di pane basso con sopra sale e olio
	v. tipo di pasta un po' più larga dello spaghetto

1 Completa il testo con i verbi coniugati nel tempo appropriato dell'indicativo o del congiuntivo.

L'Italia sforna più di 4.000 Dottori di Ricerca all'anno. Benché (*formarsi*) _____ attraverso anni di lavoro, di studio e ricerca e (*conseguire*) _____ il più alto titolo di studio conferito dallo stato italiano, non hanno vita facile nel nostro paese.

Pochissimi riescono ad attraversare la giungla del precariato universitario con borse post-dottorato, e a diventare alla fine ricercatori, a patto che (*accontentarsi*) _____ di 1.000-1.200 euro al mese. Altri abbandonano la ricerca e cambiano lavoro. Molti scappano: di fronte alle porte chiuse di casa propria voltano le spalle e vanno all'estero, dove le porte invece (*essere*) _____ aperte e le prospettive ben diverse.

I ricercatori italiani sono assorbiti in gran parte da USA, Gran Bretagna, Germania, Olanda, Francia, Canada.

L'Italia investe nel preparare i cervelli e lo fa in un modo abbastanza adeguato. Poi lascia che molti (*andare*) _____ a cercare fortuna all'estero. Sono pochi quelli che ritornano, dal momento che le condizioni di lavoro all'estero (*essere*) _____ smisuratamente superiori a quelle italiane.

Primo ostacolo. Gli stipendi che vengono offerti ai giovani Dottori di Ricerca: 800 euro al mese. A meno che non (*vivere*) _____ a casa dei genitori, è difficile che (*potere*) _____ permettersi una carriera scientifica. Ma questo è solo il primo ostacolo.

Il secondo è l'estrema difficoltà di fare carriera nelle istituzioni scientifiche italiane, dove si (*avanzare*) _____ più per anzianità di servizio che per meriti e capacità.

Gli anni in cui un ricercatore dovrebbe dare il meglio si passano, più che a fare ricerca, a servire un professore ordinario* perché un giorno costui gli (*concedere*) _____ un lavoro sottopagato, o una promozione.

E la fuga dei cervelli italiani che non riescono poi a tornare è solo metà del problema. Il sistema scientifico italiano non riesce a richiamare i talenti stranieri. Come dire che il sistema italiano non (*attrarre*) _____ l'intelligenza, la capacità, il talento.

---

* ordinario: in Italia esistono tre gradi nella carriera universitaria: *ricercatore, professore associato* e *professore ordinario*. Il *professore ordinario* è il grado più alto.

2 Completa i post del forum scegliendo il connettivo corretto.

In duemila hanno raccontato la loro esperienza sulla "bacheca" messa a disposizione da Repubblica.it. Via da un Paese che non dà occasioni.

Voci e storie dei ricercatori in fuga
"Non ho più fiducia nella mia Italia"

Luca Gragnaniello
Ho 28 anni e sono in Austria come Post-doc. A patto che/Malgrado/Senza che io abbia intenzione di tornare in Italia al termine di questa esperienza, devo dire che sono rimasto colpito e affascinato dal mondo della ricerca qui.

Paolo Ribeca
Mi trovo in Spagna, in un laboratorio di bioinformatica. Il progetto di ricerca è bellissimo, le attrezzature d'avanguardia, lo stipendio molto buono, riesco a mantenere la mia famiglia a meno che/affinché/senza che mia moglie lavori.
Tornare in Italia? E per che cosa?

Anna Notaro
Ho passato cinque anni a lavorare gratis come assistente all'università, nell'illusione di poter restare nel mio Paese, benché/prima che/senza che l'illusione si spezzasse e una borsa di studio cambiasse la mia vita 18 anni fa. Ma nessuno decide di lasciare il proprio Paese a cuor leggero, affinché/benché/a patto che l'Italia neghi opportunità che altri offrono.

Saverio D'Auria
Sono "espatriato" in UK nel '93, dopo il dottorato. Tantissimi di noi tornerebbero volentieri in Italia, a patto che/perché/sebbene le strutture della ricerca funzionino almeno come nei paesi che ci ospitano, ma i segnali non sono certo incoraggianti...

Luigi Casuscelli
Ciao, sono Luigi, laureato in Comunicazione. Scrivo da Parigi. Ad un mese dalla laurea, ho trovato lavoro qui. In Italia sarebbe impensabile, a meno che non/affinché/prima che si sia figli o amici di qualcuno. Ed io non lo sono. Questo è grave, triste soprattutto.

Valentina Puccini
Io lavoro a Madrid da un anno esatto, e a meno che/nonostante/senza che veda pregi e difetti di questo paese, mi sento più garantita qui che in Italia. Qui posso esercitare la professione per cui ho studiato e per cui i miei genitori hanno fatto tanti sacrifici... tanti...

Filippo Varese
La mia prima esperienza all'estero è stata nel 2004 grazie al programma Erasmus. A patto che/Benché/Perché molti studenti considerino l'Erasmus per lo più come un anno di "vacanza" all'estero, è stato per me il primo contatto con la ricerca. Tornato in Italia ho iniziato ad informarmi circa le possibilità di una carriera da ricercatore. La situazione descritta da vari dottorandi non era certo incoraggiante.
Ho avuto un dottorato in Galles. L'atteggiamento dell'università sembra molto diverso da quello descritto dai miei colleghi italiani. Il dipartimento ed il mio supervisore in primo luogo, fanno di tutto affinché/malgrado/senza che io riesca a completare il mio dottorato con successo.

da *www.repubblica.it*

Derivazioni 20

1 Inserisci i verbi *evidenziati* al posto giusto nella tabella e scrivi il nome o l'aggettivo da cui derivano, come negli esempi.

1. *Questo vestito si abbottona sulla schiena, non ci riesco da sola, mi aiuti per favore?*

2. ■ *Prendo la strada principale?*
   ● *No, passa per quella stradina altrimenti allunghi troppo.*

3. Metti in bocca il cibo e mandi giù senza *assaporare* niente! Così ti perdi il gusto di mangiare!

4. ■ Vieni da Francesco domani pomeriggio?
   ● No, devo aiutare mio nonno a *imbottigliare* il vino, gliel'ho promesso.

5. È stato fermato dalla polizia che l'ha fatto *rimpatriare* perché non aveva il permesso di soggiorno e i documenti!

6. *Si è rattristato* quando si è guardato allo specchio e ha notato che ormai ha molti capelli bianchi.

7. Quando ha finito la gara *è impallidito* e si è sentito male perché non aveva mangiato abbastanza, per fortuna non è svenuto!

8. Ha conosciuto Gaia e *si è* subito *innamorato*, speriamo che lei contraccambi!

9. Guarda, c'è il limite di velocità, devi *rallentare* altrimenti ci fanno l'ennesima multa!

Prefisso	Verbo	Dal nome	Dall'aggettivo
a + doppia consonante	*abbottonare*	*bottone*	
	allungare		*lungo*
in- (inn-, im-, il-)			
r(i)-, r(a)-			

2 Completa i testi con i prefissi della lista, come nell'esempio.

s   dis   de

1. Macinare e ___-caffeinare il caffè per una bevanda dall'aroma intenso: questa è la nostra arte!
Hag, il caffè da preparare anche con la moka di casa dal gusto pregiato, per chi soffre di insonnia!

2. Nuovo *Ava* efficace su 101 macchie con ossigeno attivo, scaglie di sapone ed enzimi. ___-infetta, *s*-macchia e ___-bianca il bucato a soli € 3,93!

3. *Dimmidisì*: frutta fresca selezionata: niente più da lavare ___-bucciare e tagliare! Dimmidisì vi offre ananas, melone e frutta esotica in piccoli pezzi, confezionata in pratiche ciotole munite di forchettina!

4. A volte il Guinness dei Primati ci offre dei record davvero originali. E per molti di noi incomprensibili: ma anche questo è il libro del *Guinness World Record*. Oggi vi vogliamo presentare Reuben Williams, l'uomo che è riuscito a ___-cartare e mangiare il maggior numero di cioccolatini in un solo minuto.

1 Trasforma dal discorso diretto al discorso indiretto, come nell'esempio.

Intervista al padre di Dylan Dog*

Discorso diretto	Discorso indiretto
1. *Parlami un po' del tuo personaggio.* Come prima idea era nato completamente diverso, era un detective alla Chandler e grazie alle discussioni in redazione l'abbiamo trasformato e gli abbiamo dato una spalla, Groucho. Io a differenza di Dylan Dog, fumo e bevo, faccio tutto il contrario di Dylan Dog. Il maggiolino** è stata la mia prima macchina ed è diventata anche la macchina di Dylan Dog. È importante per tutti i personaggi seriali avere dei punti fissi, più sono meglio è.	1. Nell'intervista ho chiesto all'autore di Dylan Dog di *parlarmi* un po' del _____ personaggio. Tiziano Sclavi ha detto che come prima idea il suo personaggio era nato completamente diverso, era un detective alla Chandler e grazie alle discussioni in redazione l'_____ e gli _____ una spalla, Groucho. Tiziano Sclavi ha aggiunto che _____ a differenza di Dylan Dog, _____ e _____. E che _____ tutto il contrario di Dylan Dog. Il maggiolino _____ la _____ prima macchina ed _____ anche la macchina di Dylan Dog. Inoltre l'autore ha affermato che _____ importante per tutti i personaggi seriali avere dei punti fissi e che più _____ meglio_____.

---

* Dylan Dog è il protagonista di un fumetto horror molto famoso in Italia. L'autore delle storie è Tiziano Sclavi.
** Il maggiolino, in tedesco Käfer, è un'automobile prodotta dalla casa automobilistica Volkswagen.

Discorso diretto	Discorso indiretto
2. *E Groucho?* Come tutti gli investigatori, anche Dylan Dog doveva avere un assistente. Mi ero imposto una battuta ogni volta che appariva Groucho, ma non sempre ci sono riuscito. Groucho è un personaggio molto difficile.	2. Alla domanda su Groucho, Tiziano Sclavi ha risposto che come tutti gli investigatori, anche Dylan Dog doveva avere un assistente e _____ una battuta ogni volta che appariva Groucho, ma non sempre _____. Ha poi affermato che Groucho _____ un personaggio molto difficile.
3. *A cosa ti ispiri per scrivere le storie?* È sempre più difficile trovare delle variazioni. A volte lo schema viene completamente cambiato. Io ho fatto storie pazzesche alla Joyce che hanno contribuito al successo di Dylan Dog vendendo un milione di copie. Io preferisco trovare l'ispirazione nei Buddenbrok di Thomas Mann piuttosto che in un romanzo di Stephen King e trasformarlo.	3. Alla domanda a che cosa _____ per scrivere le storie ha risposto che _____ sempre più difficile trovare delle variazioni e a volte lo schema _____ completamente cambiato. Ha concluso dicendo che _____ storie pazzesche alla Joyce che _____ al successo di Dylan Dog vendendo un milione di copie e che _____ trovare l'ispirazione nei Buddenbrok di Thomas Mann piuttosto che in un romanzo di Stephen King e trasformarlo.

da *Intervista a Tiziano Sclavi* in *www.youtube.com*

2 Trasforma le domande dell'intervistatore dal discorso indiretto a quello diretto, come nell'esempio.

Intervista a Sergio Bonelli*

1. Intervistatore: *Lei ha avuto un personaggio per tutte le stagioni...*

_____

_____

Sergio Bonelli: Il problema di oggi è che in realtà dal pubblico non arrivano dei segnali di preferenze. All'epoca di Dylan Dog venivano dei segnali, per esempio dal cinema. Oggi il pubblico è molto distratto e quindi è diventato un po' difficile fare delle scelte.

2. Intervistatore:_____

_____

_____

_____

Sergio Bonelli: Evidentemente Tex propone dei valori antichi. Non a caso i lettori di Dylan Dog sono molto più giovani di quelli di Tex.

3. Intervistatore:_____

_____

_____

_____

Sergio Bonelli: Tex è fatto più per sognare, per astrarsi dalla realtà, mentre Dylan Dog in certi momenti ti pone di fronte a certe domande che sono aderenti alla nostra quotidianità.

① L'intervistatore ha dichiarato che Sergio Bonelli aveva avuto un personaggio per tutte le stagioni, dall'epoca in cui era di moda il western con Tex**, all'epoca in cui andava di moda l'horror con Dylan Dog. Ha aggiunto che ognuno di questi personaggi aveva avuto un enorme successo e poi ha domandato quale fosse la moda che meglio si identificava con il momento storico che stavano vivendo

② L'intervistatore ha detto che Tex Willer e Dylan Dog avevano però una grande differenza. Tex Willer era un eroe infallibile, Dylan Dog invece impersonava il modello dei nostri tempi, aveva mille difetti, mille pregi. Ha poi chiesto del perché di questa scelta e di questo cambiamento.

③ L'intervistatore ha domandato che cosa fosse più compatibile con la società contemporanea: un modello vulnerabile che punta a valorizzare le proprie doti o un modello invulnerabile che in realtà nascondeva delle proprie debolezze.

da *Intervista a Sergio Bonelli*, Odeon Tv

---

* Sergio Bonelli è uno dei più importanti editori italiani di fumetti. I personaggi più famosi della sua casa editrice sono: Tex e Dylan Dog.

** Tex è un personaggio dei fumetti nato nel 1948 e tuttora pubblicato dalla Sergio Bonelli Editore. È un ranger del Texas e vive le sue avventure nel sud ovest degli Stati Uniti alla fine dell'Ottocento.

3 Leggi il fumetto e completa il testo, come nell'esempio.

Il re delle mosche

Dylan Dog ha detto che Groucho _____ e _____ sempre di licenziarlo, _____ di un assistente che _____.
Rose ha risposto che lo _____ simpatico.
Groucho ha detto che finalmente qualcuno aveva buon gusto e ha chiesto di _____ di _____ ad un suo amico cannibale.
Dylan Dog ha pregato Rose di _____ avanti e di non _____ retta, altrimenti _____ avanti lui.
Rose ha spiegato che _____ un altro motivo per cui lo _____ Belzebù ed erano le mosche perché Skinner _____ sempre circondato da un nugolo di mosche, _____ attirarle.
Groucho ha esclamato che allora il caso _____ risolto perché non _____ di un demone, ma poi si è interrotto.
Dylan Dog ha chiamato Groucho.
Groucho ha detto che _____ ma dopo _____ detto che il DDT _____ un ottimo isolante acustico. Infine ha esortato a provarlo perché non _____ volare una mosca.

Speech bubbles:

E' IL MIO ASSISTENTE, MI DIMENTICO SEMPRE DI LICENZIARLO. AVREI BISOGNO DI UN ASSISTENTE CHE ME LO RICORDI.

IO LO TROVO SIMPATICO.

FINALMENTE QUALCUNO CHE HA BUON GUSTO! RICORDATEMI DI PRESENTARVI A UN MIO AMICO CANNIBALE.

TI PREGO, ROSE, VAI AVANTI. E NON DARGLI RETTA, SE NO NON VA AVANTI LUI.

C'E' UN ALTRO MOTIVO PER CUI LO CHIAMANO BELZEBU': LE MOSCHE.

LE MOSCHE?

"GIA', SKINNER E' SEMPRE CIRCONDATO DA UN NUGOLO DI MOSCHE... SEMBRA ATTIRARLE..."

ALLORA IL CASO E' RISOLTO! NON SI TRATTA DI UN DEMONE, MA SOLO DI UNO...

GROUCHO!

D'ACCORDO, ME NE VADO, MA DOPO AVERVI DETTO CHE IL DDT E' UN OTTIMO ISOLANTE ACUSTICO... PROVATELO, NON SENTIRETE VOLARE UNA MOSCA!

da *Dylan Dog, Il re delle mosche* n. 270, Sergio Bonelli Editore, marzo 2009

1 Sostituisci le espressioni *evidenziate* con quelle della lista che hanno lo stesso significato, come nell'esempio.

| capace di tutto | con tutto il cuore | dolce far niente |

| ha fatto finta di niente | in tutto e per tutto | non c'è niente di nuovo |

| non hai niente in contrario | non mi sono fatto niente |

| non fa niente | tutto a posto | *una volta per tutte* |

1. Non mi piacciono i film dell'orrore, te lo dico *per l'ultima volta*/ *una volta per tutte* .

2. Non mi sorprenderei se mi accorgessi che ha rubato dei soldi dalla cassa, è *pronto a fare delle brutte azioni*/_____ pur di arricchirsi.

3. Sono gemelli e si assomigliano *completamente*/_____, è proprio impossibile distinguerli.

4. Ascolta, te lo dico *con molta sincerità e affetto*/_____, se vuoi continuare a studiare la chitarra, cambia maestro, non stai facendo progressi...

5. Possiamo andare, è *tutto in ordine*/_____, chiudo casa e usciamo.

6. Ha capito che ero in difficoltà e *mi ha ignorato*/_____, è andato avanti senza fermarsi!

7. Ho dimenticato la macchina fotografica a casa, ma *non importa*/_____, posso fare qualche foto col telefonino.

8. Sì, sono caduto: io *non mi sono fatto male*/_____, i pantaloni però si sono bucati!

9. Porterei i libri in biblioteca se sei *d'accordo*/_____.

10. Ho appena scaricato la posta ma *non ci sono novità*/_____; sto aspettando una nuova proposta dell'agenzia di viaggi per le vacanze di Pasqua!

11. Ho lavorato tantissimo in questi giorni, e ho deciso che per il prossimo fine settimana voglio darmi al *piacevole riposo*/_____.

2 Trova le frasi in cui le espressioni sono usate in modo improprio.

1. essere capace di tutto

☐ **a.** Mio papà quando si arrabbia *è capace di tutto*, un giorno ha lanciato anche dei giochi dalla finestra!

☐ **b.** Non so se sa nuotare, *è capace di tutto*, saprà anche nuotare…

☐ **c.** Non so come reagirà alla notizia del licenziamento, *è capace di tutto*, potrebbe anche picchiare il capo!

2. una volta per tutte

☐ **a.** Adesso basta, ognuno deve prendersi le proprie responsabilità, *una volta per tutte*!

☐ **b.** Te lo dico *una volta per tutte*, se non metti in ordine ti tolgo tutti i tuoi giochi!

☐ **c.** Adoro Venezia, ma ci sono andata *una volta per tutte* quando avevo 25 anni per il festival del cinema e poi non ci sono più tornata.

3. fare finta di niente

☐ **a.** Sono sicuro che Dario ti piacerà molto, è una persona molto diretta e sincera, *fa finta di niente*.

☐ **b.** Mi ha dato un calcio e se n'è andato via *facendo finta di niente*!

☐ **c.** Non mi è piaciuto il regalo, ma sono riuscita a *fare finta di niente*, e non se ne sono accorti.

4. dolce far niente

☐ **a.** Adoro quei pomeriggi d'estate quando mi lascio andare al *dolce far niente*.

☐ **b.** Tra un mese vado in pensione e mi godrò il *dolce far niente*.

☐ **c.** Preparerò un *dolce far niente* per il compleanno di Andrea.

5. non fa niente

☐ **a.** *Non fa niente* se hai dimenticato la crema solare, ce l'ho io!

☐ **b.** Fabrizio ha bruciato la frittata, ma *non fa niente*, abbiamo altre uova per rifarla.

☐ **c.** Senta, in questa camera il condizionatore *non fa niente*, penso sia rotto, può mandare qualcuno a controllarlo?

Altri usi del congiuntivo 22

1 Completa il testo della voce di *Wikipedia* coniugando i verbi al tempo opportuno del congiuntivo. Attenzione: due verbi vanno alla forma passiva.

Coppie di fatto e Unioni civili

Per *coppie di fatto* si intendono tutte quelle forme di convivenza fra due persone che (*legare*) _____ da vincoli affettivi ed economici, ma non (*volere*) _____ accedere volontariamente all'istituto giuridico del matrimonio, o non (*potere*) _____ farlo.

Si definiscono *unioni civili* le coppie di fatto alle quali gli ordinamenti giuridici (*dare*) _____ rilevanza o alle quali (*riconoscere*) _____ uno status giuridico. Le unioni civili possono riguardare sia coppie di diverso sesso sia coppie dello stesso sesso.

Molti paesi europei hanno adottato l'unione registrata, che garantisce specifici diritti e doveri anche alle coppie dello stesso sesso che (*convivere*) _____ sotto lo stesso tetto. Alcuni Paesi europei - ad oggi Olanda, Belgio e Spagna - hanno aperto il matrimonio alle coppie dello stesso sesso.

Uno dei principi cardine dell'Unione Europea dice che tutti i cittadini dell'Unione hanno gli stessi diritti, indipendentemente dalla loro origine, nazionalità, condizione sociale, dal loro credo religioso o orientamento sessuale.

Nella Raccomandazione del 16 marzo 2000 sul rispetto dei diritti umani nell'Unione Europea, si chiede che tutti gli Stati membri (*garantire*) _____ "alle famiglie monoparentali (cioè le famiglie in cui ci (*essere*) _____ un solo genitore), alle coppie non sposate e alle coppie dello stesso sesso parità di diritti rispetto alle coppie e alle famiglie tradizionali".

La problematica situazione del riconoscimento giuridico delle coppie di fatto sussiste poi se considerata in rapporto agli Accordi di Schengen sulla libera circolazione delle persone*. Cosa accade ad una coppia di fatto che (*riconoscere*) _____ legalmente in uno stato europeo ma (*risiedere*) _____ in un altro in cui non (*esistere*) _____ tale riconoscimento giuridico della propria unione?

L'Italia non ha attualmente una legislazione effettiva per le unioni civili, benché queste (*essere*) _____ oggetto di un disegno di legge deliberato dal Consiglio dei ministri l'8 febbraio 2007 il quale avrebbe formalizzato il riconoscimento di tali unioni, sotto il nome di DICO (DIritti e doveri delle persone stabilmente COnviventi). L'iter legislativo è stato però interrotto dalla caduta del secondo governo Prodi**.

da it.wikipedia.org

---

* Secondo gli accordi del trattato di Schengen i cittadini europei possono attraversare i confini tra gli Stati membri dello spazio Schengen senza dover mostrare il passaporto, e quindi possono circolare e risiedere liberamente in ciascuno di questi stati.

** Romano Prodi, Presidente del Consiglio dei Ministri in due governi: il primo dal maggio del 1996 all'ottobre del 1998, il secondo dal maggio del 2006 al maggio del 2008.

2 Cerca nella lettera le 5 frasi in cui si potrebbe usare il congiuntivo invece dell'indicativo, oltre a quella dell'esempio.

Mi chiedo perché il Parlamento non ~~concede~~ *conceda* alle coppie italiane non sposate il riconoscimento di diritti fondamentali che spettano a tutte le coppie sposate, dal momento che, per quanto può sembrare incredibile, i parlamentari italiani, quei diritti li hanno già da un pezzo.

Da almeno 10 anni, infatti, non solo senatori e deputati della Repubblica possono estendere, al convivente, l'assistenza sanitaria integrativa dei parlamentari, ma questi possono anche godere della pensione di reversibilità*. È sufficiente una comunicazione di convivenza, scritta dal parlamentare che ne fa richiesta.

Qualcuno dovrebbe spiegarmi come ciò può succedere nella stessa Italia che, per esempio, ha negato alla signora Adele Parrillo, compagna non sposata di uno dei 18 carabinieri uccisi a Nassiriya da un attacco kamikaze, il risarcimento che, invece, spetta ai famigliari delle altre vittime. È la stessa Italia che nega, a milioni di persone, il permesso di assentarsi dal lavoro per assistere il partner che si è ammalato gravemente, oppure, di continuare a vivere nell'appartamento del convivente deceduto senza il permesso dei parenti più prossimi e, ancora, che continua a negare il diritto alla pensione di reversibilità.

Per la prima volta, forse, la condizione di cui godono i parlamentari non è quella di un privilegio ingiusto, al contrario, godono di un diritto giusto, la questione è fino a quando intendono continuare a tenerlo solo per loro.

Annamaria Ghidoni (Reggio Emilia)

da www.repubblica.it

---

* pensione di reversibilità: è quella pensione che spetta al coniuge superstite, alla morte del lavoratore pensionato.

3 Completa le due lettere coniugando i verbi nel tempo opportuno dell'indicativo o del congiuntivo. Attenzione: un verbo va alla forma passiva.

Italians

con Beppe Severgnini

✉ scrivi 🏠 home ⬅ precedente ➡ prossimo 🔍 cerca

Matrimonio: ingiusto escludere i gay

Salve Beppe,
io non capisco come si *(potere)* _____ continuare a escludere certe persone dal matrimonio con la persona amata solo perché *(essere)* _____ di orientamento omosessuale. È una cosa senza senso, un'ingiustizia, una discriminazione verso tutti i gay di questo Paese, che *(privare)* _____ di diritti e marchiati come cittadini di seconda classe. E mi sembra ipocrita chi *(tentare)* _____ di giustificare questa esclusione, portando motivi di ordine biologico, sociale o religioso: le coppie che non *(desiderare)* _____, e magari non *(potere)* _____, avere figli biologicamente o attraverso altri mezzi hanno già l'opportunità di sposarsi senza che nessuno *(potere)* _____ obbiettare alcunché: basti pensare agli anziani anche ultraottantenni, novantenni, ultracentenari.
La possibilità che coppie dello stesso sesso sposate *(accedere)* _____ all'adozione, poi, non va contro i diritti dei minori, come *(portare)* _____ alla luce sempre più organismi scientifici di tutto il mondo (per esempio l'American Accademy of Pediatrics) e come *(capire)* _____ sempre più Paesi (tra cui l'Inghilterra e la Spagna, che negli ultimi anni *(estendere)* _____ le adozioni alle coppie gay).
Andrea P.

La questione delle coppie di fatto

Cari Italians,
la questione delle coppie di fatto, credo che *(dovere)* _____ essere inquadrata in un contesto diverso. Nessuno può affermare che oggi in Italia *(esistere)* _____ ostacoli di legge alla formazione di una coppia. Due persone vanno ad abitare insieme e ne hanno tutti i diritti.
Qual è allora il centro della questione? È il fatto che si è voluta favorire un'unione stabile che, anche solo per ipotesi, *(potere)* _____ dare vita a dei figli. Quindi l'unione di un uomo e una donna. In cambio di una promessa pubblica e scritta di formare una famiglia duratura, con obblighi reciproci e verso i possibili figli, la società *(scegliere)* _____ di riconoscere all'uomo e alla donna un rapporto privilegiato.
In definitiva: prima di approvare il progetto sulle coppie di fatto, vorrei capire quanto *(costare)* _____ e che vantaggi *(avere)* _____ la società dal riconoscere le coppie omosessuali. Chiederei infine di lasciare fuori dal dibattito i diritti umani fondamentali e i sentimenti che non *(essere)* _____ materia di discussione.
Cordialmente, Stefano P

da *www.corriere.it*

22 Verbi pronominali

1 Scrivi le espressioni *evidenziate* accanto al loro significato, sotto al dialogo, come nell'esempio.

Dario: Come è finita poi con Carla?

Antonio: Male, malissimo, non poteva andare peggio!

Dario: Ma cosa sarà mai successo... dai, non fare così, *la butti* sempre *sul tragico*!

Antonio: Guarda, non riesco a *farmene una ragione*; questa volta lei *non ne vuole più sapere* di me. *Ti rendi conto*? Dopo 10 anni di matrimonio *se ne esce* e dice che *ne ha abbastanza* del mio lavoro e di essere messa all'ultimo posto. Non è tutto: mi ha anche detto che la cosa che l'ha fatta arrabbiare di più è stato il mio ultimo viaggio.

Dario: E perché?

Antonio: Perché non *mi sono fatto vivo* per due settimane!

Dario: Beh... ma Antonio, è normale *prendersela*, tu fai così, scompari per settimane intere...

Antonio: Beh... ormai è troppo tardi, ha detto che va dall'avvocato e chiede il divorzio!

Dario: Il divorzio? L'avvocato?

Antonio: Sì, ormai è finita, si è già informata su tutto!

Dario: Su tutto cosa?

Antonio: Sulle procedure per il divorzio, l'affidamento dei bambini, la proprietà della casa, tutto insomma. Mi ha anche detto che spera che almeno sia una separazione civile, senza inutili liti e recriminazioni, che così è anche meglio per i bambini, che insomma la cosa migliore per tutti è chiedere al più presto la separazione consensuale*, visti i tempi non proprio veloci del divorzio qui in Italia**.

Dario: Questa poi... separazione consensuale e civile con te che soffri come un cane... forse questa poteva *risparmiarsela*!

Espressioni	Significato
1. capisci?	
2. evitarlo	
3. rassegnarmi	
4. *drammatizzi*	*la butti sul tragico*
5. dice all'improvviso	
6. arrabbiarsi	
7. non vuole più avere nessun tipo di relazione	
8. l'ho chiamata	
9. ha superato il livello massimo di tolleranza	

---

* consensuale: separazione basata sul consenso dei due coniugi, contrapposta alla separazione per colpa.

** In Italia è necessario che i coniugi siano ufficialmente separati per tre anni prima di poter legalmente divorziare.

2 Sostituisci le espressioni *evidenziate* con quelle della lista che hanno lo stesso significato, come nell'esempio. Attenzione: devi fare le opportune modifiche ai pronomi e al tempo dei verbi.

> averne abbastanza di   buttarla sul tragico   farsene una ragione
>
> farsi vivo   rendersi conto   risparmiarsela
>
> uscirsene   non volerne più sapere

1. Certo tu poi..., dopo tutto quello che Anna aveva scoperto sul marito che la tradiva, le hai detto che lo hai visto felice con quell'altra! Scusa ma avresti dovuto proprio *evitarlo/risparmiartela* .

2. Avevo deciso di aspettare, ma... non ce l'ho fatta: *l'ho chiamata/* _____ subito, volevo risentire quella voce bellissima!

3. Basta, *rassegnati/*_____, hai sbagliato e ne paghi le conseguenze.

4. Ascolta, io *non voglio più avere nessun tipo di relazione con questa cosa/* _____! Mi dispiace, ma non intendo perdere altro tempo.

5. È inutile *disperarsi troppo/*_____, ti ha solo detto di fare qualche ora in più di straordinario per questo mese, non per tutto l'anno!

6. Forse tu non *ti sei accorto/*_____ di quello che hai detto; sono tutti offesi con te.

7. *Non sopporto più/*_____ questa storia, adesso basta!

8. Ma non potete *dirle queste cose/*_____ così, lei ha fatto del suo meglio, se non vi piace il progetto, chiedetelo a qualcun altro, ma non offendetela!

3 Completa le frasi sotto ai disegni con *prendere* o *prendersela* coniugati al passato prossimo.

a. Aldo _____!

b. Aldo _____ la bicicletta.

Grammatica

1 Completa i due articoli rimettendo in ordine le frasi mancanti.

Il nuovo italiano? Iperglobale

Una buona notizia: la lingua italiana sta bene e reagisce in modo "sano" all'invasione dei nuovi termini prodotti dalla globalizzazione e dalla diffusione di internet.
Si arricchisce di neologismi, certo, [1.]_____

_____

e i meccanismi di formazione delle parole che le sono propri: con il proliferare in Italia delle rivendite di kebab, piatto tipico della cucina araba, arriva dunque "kebabberia", un vocabolo nuovo che si conforma tuttavia alla tradizionale struttura dell'italiano,
[2.]_____

_____

pizzeria, rosticceria e via dicendo.
La diagnosi rassicurante è di due linguisti, Giovanni Adamo e Valeria Della Valle, che per la Treccani hanno curato il vocabolario Neologismi. Come terreno di ricerca, Adamo, Della Valle e i loro collaboratori
[3.]_____

_____

le parole nuove che vi comparivano.

①
fa   gli   lo
ma   schemi
utilizzando

②
adottando   di
come   lo
stesso   suffisso
termini

③
e giornali   hanno
i   quotidiani,
registrando   scelto
studiando

Ecco il nuovo italiano dello Zingarelli 2009

L'edizione 2009 del vocabolario Zingarelli si arricchisce di termini della televisione, del cinema, di internet, entrati ormai nel linguaggio comune, che diventano così "ufficialmente" italiani: [4.]_____

_____

e si osserva attraverso le parole il «paesaggio» che cambia. Dalla tv arrivano neologismi come: "tronista", termine nato nella trasmissione *Uomini e donne* e poi adottato dal gergo giornalistico per definire «chi partecipa stando seduto su un trono al centro dell'attenzione»; "gossipparo" (nel gergo giornalistico, chi [5.]_____

_____

su personaggi noti); "paparazzare" (fotografare a scopo scandalistico personaggi famosi in momenti della loro vita privata).
Lo Zingarelli 2009 è disponibile anche in cd-rom: il disco
[6.]_____

la consultazione grazie a un motore di ricerca.

④
apre   finestra
Italia   sfogliandolo
si   sull'   una

⑤
da   diffondendo
e   guadagna   si
pettegolezzi   vivere
raccogliendo

⑥
contiene   del
facilitando
le   tutte
voci   volume,

da *www.ilmessaggero.it*

2 Completa l'articolo con i verbi della lista coniugati al gerundio presente o al participio passato, come negli esempi.

1. *spulciare*	2. parlare	3. *adattare*	4. esercitare	5. ricorrere

6. formare	7. destinare	8. mettere	9. raccogliere	10. analizzare

1. *Spulciando* tra i fatti e i mezzi di comunicazione, il Vocabolario Treccani rileva e archivia ogni mese circa 200 termini: alcuni effimeri, altri restano

Neologismi e parole che tornano così evolve il nostro linguaggio

di LUIGI ROMANI, caporedattore del Vocabolario Treccani

Spesso, 2._____ di neologismi, si tende a circoscrivere l'ambito della questione alla diffusione delle parole straniere nell'italiano, con particolare attenzione a quelle angloamericane, più o meno 3. *adattate* alle regole della nostra lingua - come *editare* e *shiftare* o *sciftare*, nel gergo dell'informatica - o del tutto immutate rispetto alla lingua di provenienza - come *dealer* e *shopper*. La preoccupazione, però, che nel contatto con le altre lingue l'italiano possa perdere la sua originaria purezza sembra essere largamente infondata: anche nel caso dell'inglese, infatti, l'influenza 4._____ sull'italiano riguarda soprattutto il lessico, e spesso in modo transitorio, e non gli aspetti strutturali della lingua (fonetici, morfologici e sintattici). Inoltre, il vocabolario di una lingua si accresce non solo 5._____ alle lingue straniere ma anche, e soprattutto, grazie alla creazione di parole nuove 6._____ con materiale lessicale preesistente secondo le tradizionali regole di formazione. In questo modo nascono molte delle nuove parole dell'italiano contemporaneo, spesso 7._____ a una vita effimera.

L'Istituto della Enciclopedia Italiana offre un osservatorio costantemente aggiornato sui mutamenti dell'italiano d'oggi, 8._____ a disposizione sul suo sito web (*www.treccani.it*), nell'area linguistica, le schede lessicografiche 9._____ di mese in mese 10._____ le più svariate fonti, con particolare attenzione alla stampa (periodici e quotidiani) e ai mezzi di comunicazione di massa (radio, televisione, Internet e nuovi media); l'archivio viene incrementato di circa 200 nuove schede ogni mese.

3 Completa il post con i verbi all'infinito che trovi nella colonna di destra, come nell'esempio. Attenzione: i verbi sono in ordine.

| Scienze sociali | Arte e letteratura | Sport e tempo libero | Scienze della vita | Scienze della terra | Matematica chimica fisica | Tecnica | Lingua italiana | Scuola | .comunità |

Vorrei sapere se la forma femminile di certe professioni, quali per esempio "ministra" o "avvocata", è accettata nella lingua italiana. Mi pareva che certe professioni, se femminilizzate, assumessero un certo tono dispregiativo. Grazie.

Bisogna alle *Raccomandazioni per un uso non sessista della lingua italiana* (1987) della studiosa Alma Sabatini. "Lo scopo di queste raccomandazioni - scriveva Sabatini - è di alternative compatibili con il sistema della lingua per alcune forme sessiste della lingua italiana e pari valore linguistico a termini riferiti al sesso femminile".	*risalire* suggerire evitare dare
La studiosa era consapevole di non imporre cambiamenti alla lingua italiana: "La maggior parte della gente – rifletteva Sabatini – è conservatrice e diffidente nei confronti dei cambiamenti linguistici, che sono visti come una violenza *contro natura*: la lingua è come toccare la persona stessa".	poter toccare
Nel mondo anglosassone, a dagli Stati Uniti negli anni Settanta, sono state molte le iniziative per il sessismo nella lingua. In Italia i mutamenti economico-sociali e la consapevolezza culturale sono maturati con più lentezza. Ma oggi *architetto, avvocato, chirurgo, assessore, sindaco, ministro, questore, deputato, vigile, arbitro, medico* non bastano più a referenti che sono sia di sesso maschile, sia – sempre di più – di sesso femminile.	partire contrastare designare
L'uso di *ministra* e di *avvocata* possono come una testimonianza dell'espandersi della nuova sensibilità linguistica. Il problema sta nell' rapidamente all'idea che sia un fatto normale che una donna sia ministra o avvocata, al pari del collega uomo ministro o avvocato.	essere interpretati adattarsi
Certo non è la preferenza del singolo a come deve parlare la gente, ma se le preferenze singole diventano massa, il neologismo o la forma alternativa si presentano come nuovo elemento di norma, fino a essere inclusi nei dizionari di lingua e accolti nelle grammatiche.	decidere poter

da *www.treccani.it*

4 Leggi l'articolo e scegli tra infinito e gerundio.

DONNE
sull'orlo di una crisi linguistica

Lo scorso agosto un titolo sulla prima pagina di Repubblica fece **saltare/saltando** lettori e lettrici: "Il sindaco di Cosenza in un'intervista: *aspetto un figlio*. Il segretario DS* ai giornali: *il padre sono io*". Molti sussultarono al pensiero dei progressi della scienza: un uomo incinto! Ma bastò continuare a **leggere/leggendo** qualche riga per **tranquillizzarsi/tranquillizzandosi**: "È Nicola Adamo, segretario regionale dei DS, il padre del bambino che porta in grembo Eva Catizone, sindaco di Cosenza", spiegava l'articolo.
Malintesi di questo tipo sono molto frequenti, ma l'uso del maschile in riferimento sia all'uomo sia alla donna, provoca ormai un certo disagio.
Rivolgersi/Rivolgendosi a una donna che ricopre una carica istituzionale o svolge una professione *importante* con un titolo maschile dà la sensazione di **usare/usando** un linguaggio inappropriato: un po' sessista, diciamolo pure. Questo perché c'è un forte rapporto tra lingua, pensiero e realtà: il linguaggio è un sistema che riflette la realtà e insieme la crea.
È per questo che **annunciare/annunciando** "il marito del signor Ministro" può creare imbarazzo.

Dobbiamo dunque usare il maschile in riferimento agli uomini e il femminile per le donne? Suggerirei di sì.
Del resto l'aveva sostenuto già vent'anni fa Alma Sabatini nelle *Raccomandazioni per un uso non sessista della lingua italiana*, **riflettere/riflettendo** sul rapporto tra una lingua per tradizione *maschilista* e l'evoluzione della società che vedeva la conquista, da parte delle donne, di professioni e ruoli tradizionalmente riservati agli uomini (chirurgo, rettore, prefetto, assessore, deputato, ministro, tanto per **fare/facendo** qualche esempio).
Fece discutere la proposta di **usare/usando** il femminile per i titoli professionali e le cariche istituzionali ricoperte da donne, **inventarlo/inventandolo** addirittura, se non esisteva, attraverso regole precise: i nomi in *-o* dovevano cambiare in *-a* (ministro, ministra), quelli in *-ore* in *-ora* (questore, questora), ecc., **evitare/evitando** le forme in *-essa* perché anticamente indicavano la moglie di qualcuno (la principessa è la moglie del principe, ecc.), e quindi davano l'idea di derivare la loro funzione da quella dell'uomo.

da *www.toscanaoggi.it*

---

* DS: *Democratici di Sinistra*, un partito politico italiano che apparteneva all'area del socialismo democratico e che dal 14 ottobre 2008 è diventato parte del Partito Democratico (PD).

5 Completa il testo con i verbi della lista coniugati all'infinito, al gerundio presente o al participio passato. I numeri tra parentesi ti suggeriscono due possibilità: scegli quella corretta per ogni verbo, come nell'esempio.

dovere / potere (1 e 11)   chiamare / fare (2 e 12)   essere / preoccupare (3 e 9)

attuare / dire (4 e 13)   ricondurre / riflettere (5 e 8)

contare / usare (6 e 14)   sostenere / usare (7 e 10)

Sessismo linguistico

Sembrerebbe una cosa talmente ovvia da non [1.] *dover* essere sottolineata. E invece la parità tra uomo e donna non è affatto ovvia.

Tutte le battaglie di genere [2.]_____ da un secolo a questa parte... cosa hanno prodotto?

Io mi chiedo se parlano davvero seriamente quelli [3.]_____ perché *ingegnera* è più brutto di *ingegnere*, o *sindaca* di *sindaco*. Mi chiedo se sono seri quelli che dicono che si tratta di un cambiamento così difficile da [4.]_____. A queste persone vorrei chiedere di fermarsi un attimo a [5.]_____: ascoltate un telegiornale, un dibattito in tv, il dialogo fra un negoziante ed un cliente, due ragazzi che parlano tra loro (ma anche due bambini)... provate a [6.]_____ le parole che 50 anni fa non esistevano assolutamente... poi contate quelle [7.]_____ con una accezione totalmente differente da quella originale... poi contate quelle in lingue diverse dall'italiano... poi contate quelle che sarebbero da [8.]_____ al linguaggio tecnico di varie discipline, pur [9.]_____ ormai sulla bocca di tutti.

Vediamo se siete ancora disposti a [10.]_____ la tesi che l'italiano medio (uso il maschile non [11.] *potendo* ancora usare un neutro che comprenda entrambi) non possa sopportare il cambiamento epocale di [12.]_____ le donne col loro nome!!!

Non prendiamoci in giro!

Io amo la trasparenza e odio la mistificazione. È così disdicevole [13.]_____ "la ministra Turco" anziché "il ministro Turco"? Le togliamo forse qualcosa [14.]_____ il femminile? Facciamo troppa fatica?

da *www.noidonne.org*

I Completa il testo con i verbi della lista. Poi associa il disegno giusto al racconto.

| fareste | farsi | fece | lasciarono |
| lasciate | lasciò | si facevano | si lasciarono |

La volpe fotografa

U na volpe scoprì un bel giorno che la sua vera vocazione era quella di fare il fotografo ambulante. Ve la _____ fare voi una fotografia da quella astuta comare? Io, francamente, no. Ed ora vi spiego i motivi.

Dunque, con la sua nuova macchina munita di treppiede e con una bella mostra di fotografie per dimostrare la sua bravura, ecco comare Volpe piazzarsi vicino a un grosso pollaio. Le galline, dietro la rete metallica, si sentivano al sicuro e perciò _____ avvicinare la Volpe.

– Osservate che belle e artistiche fotografie! – comincia la Volpe. – Questa me la _____ fare il gallo Codaverde, quando dovette mandare il suo ritratto alla fidanzata.

– Uh, bellissima! – esclamarono ammirate le gallinelle, credendo di parlare con una vera fotografa, e la Volpe furba com'era glielo _____ credere. Un paio di pollastrelle, vanitose, decisero allora di _____ fotografare:

– Però vogliamo venire con uno strascico di piume.

– Certo, certo. È tutto gratis. Non siate timide, distendetevi, rilassatevi e _____ fare a me, vedrete che ne rimarrete soddisfatte. Io sono un'artista, una benefattrice, non una commerciante.

Le pollastrelle, vinte dall'entusiasmo, _____ convincere dalla Volpe e uscirono gongolando dal pollaio per mettersi in posa. La Volpe finse di guardare nella sua macchina: ficcò la testa sotto il panno nero, la ritirò fuori, spostò il treppiedi, mise a fuoco l'obiettivo: – Più vicine, prego, e sorridete. Guardate quell'albero a destra. Pronte? Ferme, eh?

E quando furono abbastanza vicine e ben ferme che parevano di sasso, con un balzo fu loro addosso e le mangiò in un solo boccone. Poverette. Era meglio se _____ fare un disegno fatto alla buona, magari col carbone.

da Gianni Rodari, *Zoo di storie e versi*, Einaudi, 1995

2 Completa le frasi rimettendo in ordine le parole delle liste e coniugando il verbo *fare* nel modo opportuno, come nell'esempio.

1. Ma che è successo? *Chi ha fatto piangere il figlio dei vicini?*

fare piangere dei il chi vicini figlio

2. Questa è veramente un'ingiustizia, ma _____!

fare valere in diritti miei tribunale i

3. Patrizia è veramente simpatica, ieri _____!

fare ridere tutta la per serata ci

4. È inutile che continua a farmi queste domande personali, non _____ _____.

fare dire voglio mi quello non che

5. Sono a casa di Tina, però ai miei genitori _____ _____ perché Tina non la sopportano...

fare credere sono che cugina da mia

6. Il mio direttore voleva _____ _____ ho rifiutato.

fare fare straordinari, io mi gli ma

7. Lo so, Marco è testardo, ma di sicuro posso _____ _____ litigare.

fare capire senza mie gli le ragioni

Grammatica 1 - Sostantivi particolari

1. *popolo*, artisti, mangiatori, giornalista, convegno, volume, inchiesta, ricchezze, design, qualità, curiosità, paesi, caffè, criminalità.

2. sono a Montreal da tre *settimane*; Abbiamo **abitudini** un po' diverse, ma finora non ci sono stati grandi **problemi**; all'inizio avevano delle **perplessità** esclusivamente per il fatto che io fossi italiano; conosco quali sono i **tratti** distintivi che ci caratterizzano all'estero, ma qui la **comunità** italiana è ben radicata ed integrata, e nonostante questo esistono ancora degli **stereotipi** che ci contraddistinguono; nel loro immaginario gli **uomini** italiani sono ancora i **maschilisti** con la camicia aperta e la collana bene in vista che popolavano l'Italia degli **anni** '70; Purtroppo questa non è una **tesi** sostenuta solamente dalle mie **coinquiline**, ma anche da altri ragazzi che ho conosciuto e che mi hanno raccontato il loro punto di **vista** su di noi; Come è possibile che questi **luoghi** comuni non vengano mai a cadere, nonostante gli italiani che vivono qui abbiano fatto molto per lo **sviluppo** della città? C'è veramente da farsi cadere le **braccia**.

Lessico 1 - Collocazioni • *Essere* e *stare*

1. sei, essere, Sono, stava, era, esserti, stare. 1. *sei un po' in carne*; 2. essere pelle e ossa; 3. esserti d'aiuto; 4. era al settimo cielo; 5. stare in campana; 6. sono d'accordo; 7. stava sotto a un treno.

2. **essere:** fuori di sé, in una botte di ferro, al corrente, tutto casa e famiglia; **stare:** all'erta, agli scherzi, sulle sue, a cuore, in piedi, sulle scatole.

3. 1. era fuori di sé; 2. stare all'erta; 3. è in una botte di ferro; 4. sta agli scherzi, stava sempre sulle sue; 5. sta molto a cuore; 6. sta sulle scatole; 7. sono al corrente; 8. sei tutto casa e famiglia; 9. stare in piedi.

Grammatica 2 - Articoli

1. L', la, il, il, del, dell', l', lo, il, -, i, il, il, Il, il, nelle, dell', negli, di.

2. il, lo, -; 1/il; 2/l', i; 3/i, i, -, -; 4/gli, *dei*; 5/le, la; 6/i; 7/la, il; 8/-; 9/i.

Lessico 2 - Espressioni di routine

1. 1/g, 2/a, 3/f, 4/d, 5/e, 6/h, 7/c, 8/b. a. *In quattro e quattr'otto*, In un baleno, In men che non si dica; b. Da che mondo è mondo; c. Da un momento all'altro; d. Da una vita, Dai tempi degli antichi, Da un sacco di tempo.

2. a. da un momento all'altro; b. da una vita; c. in un baleno; d. dai tempi degli antichi; e. in quattro e quattr'otto; f. in men che non si dica.

Grammatica 3 - Trapassato prossimo

1. 1. *era dovuto*; 2. aveva ordinato; 3. aveva traversato; 4. si era sposato; 5. aveva *mai* visto; 6. aveva immaginato; 7. Aveva camminato; 8. si era imbarcato; 9. *era arrivato*; 10. aveva superato; 11. aveva lavorato; 12. aveva visto; 13. aveva ballato; 14. era arrivato.

2. era, aveva coperto, aveva ammirato, era, aveva visto, Aveva attraversato, aveva detto, fanno, erano, vogliono, arrivò, era, si fidava, erano, avevano, cercava, aveva criticato, aveva optato, si vergognava, chiamavano, aveva presentato, sarebbe stato, Aveva assaggiato.

3. 1. avevo esibito; 2. avevo portato, avevano richiesto; 3. aveva spedito, aveva fatta; 4. era andato, aveva chiesto; 5. si era recato, aveva avviato. 1/c, 2/d, 3/b, 4/e, 5/a.

Lessico 3 - Modi di dire • Numeri

1. 1. Farsi in quattro; 2. In quattro e quattr'otto; 3. Dirgliene quattro; 4. Avere fatto trenta e fare trentuno; 5. Fare due più due; 6. La prova del nove; 7. Un quarantotto; 8. Quattro gatti; 9. Sparare a zero; 10. Il numero uno.

2. a/7, b/3, c/9, d/1, e/4, f/6, g/8, h/2, i/10, l/5.

3. farsi in quattro.

4. 1. mi sono fatto in quattro; 2. gliene dico quattro; 3. la prova del nove; 4. in quattro e quattr'otto; 5. un quarantotto; 6. quattro gatti; 7. hanno sparato a zero; 8. hai fatto trenta e fai trentuno; 9. il numero uno; 10. fai due più due.

Grammatica 4 - Futuro semplice e anteriore

1. Ti emozionerai, Cercherai, vedrai, piacerà, faranno, avrai rifiutato, avrà tempestato, saranno finite, ti ritroverai, spieranno, ti sarai *già* appassionato/a, sarà *già* diventato, dimostreremo.

2. 1. *avranno accettato*; 2. potrai ; 3. *Potrai* , 4. vedrai, 5. avrai *già* configurato; 6. sapranno; 7. imparerai; 8. sarà; 9. avrai compilato; 10. consentirà.

3. 1. *sarà stato* quello sfigato; 2. non **saprà** neanche come mi chiamo!; 3. come **sarà** diventato.; 4. **Sarà** vero poi?; 5. **sarà** un mostro; 6. un motivo ci **sarà!**; 7. **Avrà** studiato economia; 8. **farà** il commercialista.; 9. **Sarà** uno psicologo; 10. **Si sarà laureato** col massimo dei voti; 11. **avrà cominciato** a lavorare; 12. **si sarà sposato**; 13. l'**avrà lasciato** per l'acrobata di un circo.

Lessico 4 - *Sapere, conoscere e potere*

1. conoscete, ho conosciuta, conoscere, so, sai, sai, sa, sapere.

2. a. So; b. conosco; c. posso, so.

3. a. Cosa *possiamo* regalare a Giacomo per il suo compleanno?; b. **Sai** come è finita la partita ieri sera?; c. Scusi, mi **sa/saprebbe** dire cosa c'è scritto qui?; d. **Sai** nuotare?; 1. *So* che aveva bisogno di una sciarpa, ci *posso* andare io perché c'è un negozio vicino all'ufficio che ne ha di bellissime.; 2. Purtroppo non **so** l'inglese, non **posso** aiutarla.; 3. Così così. Non **conosco** tutti gli stili, ma **so** stare in acqua senza annegare!; 4. Non lo so, non seguo il calcio, non **conosco** nemmeno le squadre!; 5. Male, **potevamo** vincere perché siamo più forti; invece non **abbiamo saputo** sfruttare tante occasioni per fare goal e abbiamo pareggiato!; 6. Mi dispiace, sono senza occhiali, non **posso** leggere.; 7. **So** che voleva una macchina fotografica digitale, ma non **so** se quella che ho visto su internet gli va bene.; 8. Sì, **so** nuotare abbastanza bene, ma oggi non **posso** perché mi fa male un braccio. a/1 e 7; b/4 e 5; c/2 e 6; d/3 e 8.

Grammatica 5 - Condizionale composto

1. *avrebbe preso*, avrebbe picchiato, avrebbe investito, sarebbe stato, sarebbe arrivata, avrebbe condannato, avrebbero minacciato. 1/d, 2/f, 3/c , 4/b, 5/a, 6/e.

2. *sarebbe stato*, avrebbe notato, avrebbe avvertito, si era diffusa, era morto, aveva fatto, avrebbe rivelato, avrebbe chiesto, avrebbe ricevuto, avrebbe risposto, si sarebbe diretto.

3. 1. *avrebbero sparato*; 2. sarebbero scappati; 3. Sarebbe morta; 4. avrebbe accertato; 5. potrebbe; 6. avrebbe fatto; 7. sarebbe scoppiato; 8. sarebbe partito; 9. *sarebbe stato*; 10. si aggirerebbe; 11. avrebbe avvistato; 12. Si tratterrebbe.

Lessico 5 - Aggettivi figurati e letterali
1. 1/d, 2/a, 3/b, 4/c, 5/d, 6/c, 7/b, 8/a, 9/c, 10/d, 11/b, 12/a, 13/a, 14/d, 15/c, 16/b, 17/a, 18/d, 19/b, 20/c.
2. povera donna, macchina nuova, certe situazioni, donna *molto* sola, vecchio amico.
3. 1. *nuovo computer, computer nuovo*; 2. semplice domanda; 3. domanda semplice; 4. brav'uomo; 5. uomo bravo; 6. povero ragazzo; 7. ragazzo povero; 8. alto funzionario; 9. funzionario alto; 10. amara esperienza; 11. caffè amaro; 12. storia vera; 13. vera amica.

Grammatica 6 - Passato remoto
1. *visse*, trovò, iniziar**ono**, incominciar**ono**, trascriss**ero**, Nacque, diven**ne**/diventò, fu, scrisse, rielaborò, scrisse, furono, tradu**sse**.
2.

	Avere	Fare	Dare	Stare	Conoscere	Vincere	Prendere
Tu	avesti	facesti	desti	*stesti*	conoscesti	vincesti	prendesti
Loro	*ebbero*	fecero	diedero/dettero	stettero	conobbero	vinsero	presero
Io	ebbi	feci	*diedi/detti*	stetti	conobbi	vinsi	*presi*
Lui/Lei	ebbe	*fece*	diede/dette	stette	conobbe	vinse	prese
Noi	avemmo	facemmo	demmo	stemmo	*conoscemmo*	vincemmo	prendemmo
Voi	aveste	faceste	deste	steste	conosceste	*vinceste*	prendeste

3. 1. *incontrò*; 2. disse; 3. restò; 4. rispose; 5. andò; 6. si presentò; 7. fece; 8. prese; 9. *disse*; 10. chiamò; 11. disse; 12. ringraziò; 13. andò; 14. ebbe; 15. seppe; 16. si presentarono.
1/c, 2/b, 3/d, 4/a.

Lessico 6 - Collocazioni • *Vedere e guardare*
1. **vedere:** di buon occhio, le stelle, il bicchiere mezzo pieno, tutto nero, il bicchiere mezzo vuoto; **vederci:** *doppio*, chiaro; **non vedere:** più in là del proprio naso, l'ora; **guardare:** dall'alto in basso, in cagnesco; **non guardare:** più in faccia, in faccia nessuno.
2. 1. guarda dall'alto in basso; 2. vedere tutto nero; 3. ho visto le stelle; 4. non vedo l'ora; 5. vedere il bicchiere mezzo pieno; 6. è visto di buon occhio; 7. vederci chiaro; 8. vederci doppio; 9. non si guardano più in faccia; 10. lo guardi in cagnesco; 11. non vede più in là del proprio naso; 12. vede sempre il bicchiere mezzo vuoto.

Grammatica 7 - Concordanze • *Indicativo*
1. 1. è cominciata; 2. ha attaccato; 3. (ha) sconfitto; 4. *mantiene*; 5. pensa; 6. schierandosi; 7. otterrà; 8. annuncia; 9. è entrata; 10. si sono arresi; 11. attacca; 12. provocherà; 13. definirà.
2. *Il 21 giugno 1940 l'esercito italiano attaccò le forze francesi,* anche se il 17 giugno i francesi **si erano** già **arresi** alla Germania. L'azione italiana **avrebbe provocato** molta indignazione nell'opinione pubblica internazionale, tanto che il presidente americano Roosvelt la **avrebbe definita** una "pugnalata alla schiena". L'Italia **decise** di attaccare la Francia quando la guerra mondiale **era cominciata** da meno di un anno. Il primo settembre 1939 l'esercito di Hitler **aveva attaccato** e **sconfitto** rapidamente la Polonia e il 10 maggio 1940 **aveva invaso** i Paesi Bassi e il Belgio. I tedeschi, passando per la Foresta delle Ardenne, **avevano aggirato** la linea Maginot

e **sconfitto** la Francia in soli cinque giorni.
Mussolini all'inizio delle ostilità **mantenne** la neutralità, ma dopo le rapide vittorie di Hitler e soprattutto dopo il crollo dell'esercito francese, **pensò** che schierandosi con la Germania **avrebbe ottenuto** notevoli vantaggi. Così, il 10 giugno del 1940, Mussolini, in un famoso discorso, **annunciò** che l'Italia **era entrata** in guerra.
3. 1. *era cominciata*; 2. aveva attaccato; 3. (aveva) sconfitto; 4. *mantenne*; 5. pensò; 6. schierandosi; 7. avrebbe ottenuto; 8. annunciò; 9. era entrata; 10. si erano arresi; 11. attaccò; 12. avrebbe provocato; 13. avrebbe definita.
4. 1. il futuro, 2. il passato prossimo, 3. il condizionale composto, 4. il trapassato prossimo.
5. a. era, avrebbe parlato, sarebbero entrati; b. era avvenuto, arrivavano, era esploso, ero, serviva, aveva pronunciato, era arrivata.

Lessico 7 - Espressioni di routine
1. Nemmeno per scherzo, Va bene, fossi matto!, Sì, d'accordo, fai un po' come ti pare, fa lo stesso.
2. Ma sei pazzo, nemmeno per sogno, d'accordo, non mi importa niente, Sì, è vero, condividere la tua idea, -, Buona idea.

Grammatica 8 - Pronomi e particelle
1. mi, ci, mi, mi, loro, ci, Ne, ne, ne. 1/b, 2/d, 3/c, 4/a.
2. ne, ci, mi, ne, Ce n', ti, ti, le, si, *tener*la, ne, se ne, *farlo*, ci, ci, ci, si, ne.
3. ne, ci, ci, ne, ce ne, ci, ci, *finir*la, ci, ci, Lo, lo, ci, *dargliene*, ci, ci, ce n', la.

Lessico 8 - Diminutivi, accrescitivi, spregiativi
1. *tavolino, tavolone, tavolaccio*; giornataccia; figuraccia; il pancino, il piedino, il ditino, il nasino; il ditino del piedino; guantoni di lana *per le sue* manine; culetti, guanciotte, occhietti; sederino, sederone; ma mio papà ha un pisellone.
2. *gattina*, buchino, codino, topolino, cucinotto, serataccia; gattina: *piccola gatta*, codino: piccola coda, cucinotto: piccola cucina, serataccia: brutta serata, buchino: piccolo buco, topolino: piccolo topo.
3.

Nome (forma base)	Diminutivo	Accrescitivo	Spregiativo
fratello	*fratellino*	*fratellone*	*fratellaccio*
casa	*casina*/casetta	casona	*casaccia*
macchina	macchinina/*macchinetta*	macchinona	*macchinaccia*
ragazzo	ragazzino/*ragazzetto*	ragazzone	ragazzaccio
libro	*libretto*	*librone*	libraccio
vecchia	*vecchietta*/vecchina		vecchiaccia
borsa	*borsetta*	borsona/*borsone*	borsaccia
gatto	*gattino*	gattone	gattaccio

Grammatica 9 - Connettivi
1. 1/perciò; 2/però; 3/invece, perché; 4/dato che; 5/quindi, invece, Perciò; 6/infatti, però; 7/cioè, insomma. **Il libro è STRANALANDIA**.

2. *allora*, però, e infine, Insomma, addirittura, ma, perché.
3. 1. *in quel momento*; 2. quindi; 3. in breve; 4. però; 5. ma; 6. invece; 7. e infine; 8. ma; 9. Prima; 10. poi; 11. In fondo; 12. Quando; 13. Poi; 14. A questo punto; 15. ma; 16. *quindi*. Disegno c.

Lessico 9 - Espressioni di routine
1. *a un tratto*, Proprio in quel momento, In un batter d'occhio, a un certo punto, di sorpresa.
2. 1/b; 2/a; 3/b; 4/b; 5/c.

Grammatica 10 - Congiuntivo presente
1. *rivesta*, si definisce, dichiara, possieda, sia, abbiano, debba, sia, possa, sia, agiscano.
2.

	Essere	Avere	Fare	Andare	Uscire
Io	sia	abbia	faccia	vada	*esca*
Noi	*siamo*	abbiamo	facciamo	andiamo	usciamo
Lui/Lei	sia	abbia	faccia	vada	esca
Voi	siate	abbiate	*facciate*	andiate	usciate
Tu	sia	abbia	faccia	vada	esca
Loro	escano	abbiano	facciano	vadano	escano

3. 1/è; 2/sono; 3/ci siano; 4/superino; 5/desiderano; 6/si dichiarano; 7/sia; 8/ha. È la Basilica di SAN PAOLO.

Lessico 10 - Modi di dire • Religione
1. 1. *fare il diavolo a quattro*; 2. stare come un papa; 3. non sapere a che santo votarsi; 4. essere il pozzo di San Patrizio; 5. essere come il diavolo e l'acqua santa; 6. ad ogni morte di papa; 7. metterci una croce sopra; 8. patire le pene dell'inferno; 1/b, 2/e, 3/g, 4/f, 5/c, 6/d, 7/h, 8/a.
2. a/farci una croce sopra; b/patire le pene dell'inferno.
3. 1/a; 2/c; 3/c; 4/a; 5/a; 6/b.

Grammatica 11 - Concordanze • Congiuntivo I
1. siano, abbia lasciato, piaccia, sia, debba, abbia investito, abbia dato.
2. 1. pensano; 2. scelga; 3. *raccontava*; 4. abbiano preferito; 5. abbiano; 6. può; 7. accade; 8. è successo; 9. sia stato/sia; 10. girano; 11. sia; 12. *sia*; 13. sia; 14. fa; 15. debba; 16. sia; 17. è; 18. sta.
3. sia, sia *sempre* stato, avessero, andassero, cercasse, trattino, dia, sia, sia, abbia, vinca, possa, guardi, recepisca.

Lessico 11 - Derivazioni • Nomi di qualità da aggettivi
1. *sincerità*, onestà, fedeltà, bellezza, altezza, riservatezza, indipendenza, razionalità, sentimentalismo, gelosia, generosità, avarizia, capacità, testardaggine, cocciutaggine, serietà, costanza.

Grammatica 12 - Periodo ipotetico
1. *accadrebbe*, ci fossimo, sarebbe, scomparisse, potrebbe, sparissero, accadrebbero, verrebbe, venisse, smetterebbero, inizierebbero, dovrebbe, si riempirebbero, inizierebbero, si porterebbe, trasporterebbe, crescerebbero, inizierebbe, si formerebbero, penetrerebbe, si allargherebbero, accadrebbe.
2. Il ciclone è uno dei fenomeni naturali più devastanti del nostro pianeta. Il 2 maggio 2008 si è abbattuto

sulla Birmania un ciclone, chiamato *Nargis* dai metereologi, che ha causato la distruzione di interi villaggi e la morte di almeno 78.000 persone. La formazione dei cicloni è X oggetto di ricerche e ancora non sono state spiegate perfettamente tutte le condizioni fisiche e ambientali che ne determinano la nascita. Comunque si è capito che il ciclone si forma soltanto **se** ci sono alcuni fattori concomitanti. Un ciclone si forma **se** la temperatura del mare è X superiore ai 26°C e **se** la temperatura dell'atmosfera diminuisce rapidamente, cioè **se** si creano tutte quelle condizioni atmosferiche tipiche che danno vita ai temporali. Ma le caratteristiche del ciclone, cioè X la sua forma e la sua velocità, X si manifestano soltanto **se** ci troviamo vicino all'Equatore. Spesso viene usata in modo improprio la parola "ciclone" X per descrivere fenomeni atmosferici più o meno devastanti. L'Organizzazione Meteorologica Mondiale parla di ciclone solo **se** i venti che lo compongono X superano i 100 km/h e **se** la forza dei venti aumenta verso l'interno in direzione del centro ma diminuisce o scompare del tutto all'interno del ciclone X chiamato anche *Occhio del ciclone*.
3. *1/d*, 2/e, 3/f, 4/c, 5/a, 6/b; 1. *Se le macchine* **diventassero** *estremamente intelligenti*, **riuscirebbero** *a prendere il sopravvento sugli umani.*, 2. Se **cadesse** un meteorite sulla Terra, l'impatto **potrebbe** spostare l'asse di rotazione del pianeta con conseguenze devastanti., 3. Se si **sviluppasse** una nuova pandemia, **farebbe** ammalare milioni di persone e ne **causerebbe** la morte., 4. Se il buco dell'ozono **aumentasse** di dimensioni, **aumenterebbe** la temperatura in modo insopportabile per la sopravvivenza degli uomini., 5. Se **si estinguessero** le api, molte piante usate per scopi alimentari **scomparirebbero**., 6. Se **scoppiasse** una guerra nucleare, la maggior parte delle città **sarebbe distrutta** e le radiazioni **ucciderebbero** ogni forma di vita sulla Terra.
4. Frasi da inserire: 2, 4, *1*, 3; fosse creata, sarebbe potuta, fosse realizzata, sarebbe stata, fossero state rese, sarebbero stati bloccati, sarebbe evitato, sarebbe potuto, fosse costruita.
5. *avessimo ascoltato*, avremmo avuto, avrebbe spostato, avrebbe provocato, fossero state, avremmo evitato, avremmo potuto, esistesse, ci sarebbero, farebbero, sarebbero, sarebbe, si fossero comportati.

Lessico 12 - Espressioni di routine
1. 1/non potevo credere ai miei occhi!; 2/non ci potevo credere; 3/*che delusione*.
2. *Ma dai*, sono rimasto di stucco, A che punto siamo arrivati.
3. *3, 2, 1, 4*.
4. 1/b; 2/a; 3/c; 4/b; 5/c.

Grammatica 13 - Forma impersonale
1.

Verbo riflessivo	Verbo nella forma impersonale		Verbo riflessivo nella forma impersonale
si sposano	si possono	si fa	ci si sposa
si sgretolano	si ritarda	si fa	ci si trova
sposarsi	si fa	si creda	ci si trasferisce
	si preferisce	si spiega	ci si sposa
	si scelgono		
	si hanno		

2. *si aveva*, ci si sposava, si facevano, si mettevano, minore, si allungava, si pensa, *propria*, personale, si arriva, si arriva, firmato, si aggiunge, ci si ritrova, si ha; Si è, individualisti, si ha, Si vuole, stessi, si è, abituati, si può/si possa/si potesse, economica, maggiori.

3. 1. si pratica; 2. ci si sente; 3. si lavora; 4. Si tradisce; 5. si consuma; 6. ci si sente; 7. ci si pente; 8. ci si lascia; 9. si trovano; 10. si consumano; 11. si può/si potrebbe; 12. Si cercano; 13. ci si imbarca; 14. si mette; 15. si pratica; 16. Si va.

Lessico 13 - Modi di dire • *Viso, faccia, muso*

1. 1/ha il muso; 2/fare buon viso a cattivo gioco; 3/a viso aperto; 4/a muso duro; 5/salvare la faccia; 6/ci avrà sbattuto il muso; 7/ti leggo in faccia; 8/faccia a faccia; 9/faccia da funerale.

2. a/faccia a faccia; b/fare buon viso a cattivo gioco.

3. leggo in faccia, hai una faccia da funerale, ho fatto buon viso a cattivo gioco, ci ho sbattuto il muso, a viso aperto, a muso duro.

Grammatica 14 - Concordanze • *Congiuntivo II*

1. avessero, fossero, avesse lasciato, riuscissero, divenissero, finissero, potessero, fossero, fossero, avessero ucciso.

2. ha trasportato, occorressero, avesse, hanno stimolato, sono diventati, esisteva, finisse/fosse finito, occupasse/avesse occupato, era, trovasse, si offrisse/si offrissero, cominciava, componevano, porta.

3. *Nel 2009 la maggior parte degli italiani* **aveva capito** *che l'immigrazione* **era** *un fenomeno ormai stabile e che* la maggior parte degli immigrati presenti nel territorio **sarebbero rimasti** in questo paese.

Questa consapevolezza **aveva provocato** vari tipi di reazioni: una parte degli italiani **pensava** che non ci **fosse** alternativa possibile alla convivenza con persone di culture diverse. Altri **vivevano** questo nuovo fenomeno con preoccupazione, senza schierarsi né da una parte né dall'altra. **Era** però indubbio, purtroppo, che altri **si fossero schierati** apertamente contro la presenza e l'inserimento degli immigrati, e **rifiutassero** categoricamente la società multietnica.

Era preoccupante poi che un atteggiamento diffuso di xenofobia **trovasse** l'appoggio di qualche partito che, per ideologia o opportunità politica, **cavalcava** il malcontento.

In questa azione di ostacolo allo sviluppo di una società multiculturale, a molti **sembrava** che i mass media **giocassero** un ruolo fondamentale.

I più critici **ritenevano** infatti che nella maggior parte dei casi la stampa e la televisione italiana **avessero trattato** l'immigrazione solo in termini di pericolo per la sicurezza sociale, e **avessero allarmato** sempre di più l'opinione pubblica, già fortemente condizionata dai pregiudizi. L'immagine dell'emigrato trasmessa dai mass media **era** talmente stereotipata in senso negativo, che anche in molti immigrati **stava** nascendo un senso di rifiuto verso le comunità maggiormente prese di mira.

Lessico 14 - Attrazioni • *Facile e difficile*

1. 1/*facile*, 2/facile, 3/difficile, 4/facili, 5/facile, 6/facile, 7/difficile, 8/facile; a/è difficile, b/ha il bicchiere facile, c/è facile all'ira, d/rendere la vita difficile, e/di facili costumi, f/è *facile*, g/farla facile, h/ha la pistola facile.

2. a/essere facile all'ira; b/avere il bicchiere facile.

3. 1/aver reso la vita difficile; 2. è facile che; 3. ha il bicchiere facile; 4. facile all'ira; 5. La fai facile; 6. donna di facili costumi; 7. ha la pistola facile; 8. È difficile che.

Grammatica 15 - Preposizioni

1. delle, nel, nei, al, dalle, dei, dei, al, al, alla, dei, nei, Nel, dei, dal, al, al, della, del, all', dei, nei, Negli, dal, nel, della, dalla, alla, nei, Nel, alla, del; 3, 2, 5, 4, 1.

2. Domande: *contro* - **Risposte:** a/insieme con; b/lontana dai; c/dentro; al di fuori del; d/al di là dell', vicino ai; e/ davanti ai; 1/c, 2/d, 3/a, 4/e, 5/b.

Lessico 15 - Collocazioni • *Andare e venire*

1. andare: in porto, a monte, a ruba, a simpatia, pazzo per, in scena; **venire:** *a galla*, dalla luna, a conoscenza, meno, in mente.

2. 1/d; 2/f; 3/m; 4/g; 5/a; 6/e; 7/b; 8/c; 9/h; 10/i; 11/l.

3. Dialogo a.: 5, 4/vado matta per, 2, 3, 6/va a simpatie; Dialogo b.: 3, 2/è andata a buon fine, 4/andrà tutto a ruba; Dialogo c.: 3, 2/andare in porto, 4, 6/è andato tutto a monte, 5.

Grammatica 16 - Posizione dell'aggettivo

1. Pubblico spaccato a metà per l' Aida ieri sera al Teatro dell' Opera. La versione *minimalista* della **grande** opera di Verdi firmata **dal** regista **americano** Bob Wilson ha affascinato ma anche irritato il pubblico **romano**. Un **piccolo** gruppo di contestatori ha rivolto ripetuti "buuu" alla messa in scena, ma ogni volta il resto del pubblico ha applaudito con **grande** enfasi. E alle grida che venivano dal palco: "Ridateci l'Aida", altre rispondevano dalla platea: "Fossili". **Grandi** applausi, e questi non contestati da nessuno, al direttore Daniel Oren. Applausi anche per il soprano cinese Hui He, che ha dato vita ad **una splendida** Aida, e al tenore Salvatore Licitra, un Radames più che convincente. Bob Wilson è riuscito ad ottenere il risultato voluto, una commistione di ghiaccio e di fuoco, grazie alle scene **semplici**, spogliate dalla "cartapesta", dagli elefanti e dai ventagli, e ridotte a **grandi** spazi attraversati dalla luce, e grazie ai movimenti ieratici dei cantanti.

La recitazione **fredda**, quasi una **lunga** sequenza di un geroglifico, è stata volutamente contrapposta alla **travolgente** musica di Verdi e alla passione che il direttore Daniel Oren è riuscito a infondere nell' orchestra e nel coro del Teatro dell' Opera. Un risultato, quello raggiunto da Bob Wilson, che cambia di **diversi** anni luce la prospettiva di questo allestimento, rispetto a quelli che in passato lo hanno preceduto sulla scena capitolina, e che segna anche una **decisa** svolta nella programmazione del Teatro dell' Opera di Roma.

2. *La versione originale del testo è la seguente:* 1. *Melomane* è una persona che nutre una *viscerale* passione per l'opera lirica. Il termine *melomane* viene interpretato con accezioni **differenti**, talvolta d'ammirazione, talvolta di scherno. L'appassionato di lirica si riconosce volentieri in **questa** parola, che intende come sinonimo di esperto o di intenditore di opera. Molti però attribuiscono a questo termine una connotazione **negativa**. Per costoro, *melomane* significa **pignolo all'eccesso**, se non, addirittura, *saccente, borioso, perfino* **intollerante**; 2. I melomani sembrano infatti godere nella ricerca dell'errore, danno l'impressione di appassionarsi più per una **singola** stonatura del cantante (la cosiddetta "stecca") piuttosto che per un'aria **ben cantata**. Talvolta sembra che se ne stiano in agguato ad attendere "la preda", cioè **lo sfortunato** cantante di turno, per coprirlo di fischi **alla prima** imperfezione; 3. I melomani preferiscono seguire lo spettacolo dal Loggione, la parte **più alta** del teatro. Il Loggione offre i posti più economici **dell'intero** Teatro. Oltre alle poltroncine **normali**, sono disponibili anche posti in piedi - non prenotabili - la cui vendita inizia immediatamente prima dello spettacolo;

4. Il Loggione, per la sua posizione rialzata, così vicina al soffitto, rappresenta la tribuna <u>ideale</u> dalla quale i melomani, giudici <u>severi</u>, possono dominare - anche in senso fisico – <u>l'intero</u> teatro, armati di fischi, di "buu" e di verdura più o meno fresca, ma anche di applausi scroscianti e fiori da donare agli artisti ritenuti più meritevoli; 5. Un **altro** aspetto è legato al costo del biglietto. Come abbiamo detto, il Loggione offre i prezzi più economici. Il melomane non si limita ad assistere ad uno spettacolo ogni tanto. Quando un teatro mette in cartellone **una nuova** opera **lirica**, il melomane non perde una replica. Pertanto, il preferire biglietti o abbonamenti **economici**, deriva dalla necessità di poter essere a teatro praticamente tutte le sere. *Nota bene: in teoria gli aggettivi <u>sottolineati</u> potrebbero essere collocati anche nell'altra posizione. La scelta dipende da ragioni di carattere stilistico.* a/3, b/1, c/4.

Lessico 16 - Espressioni di routine
1. anzi, addirittura, mica, Pure, anzi, Macché, Addirittura, Ma pensa un po', figurati.
2. 1/addirittura; 2/anzi; 3/pure; 4/Macché; 5/Figurati; 6/Ma pensa un po'; 7/mica; 8/Mica; 9/pure (addirittura); 10/anzi.

Grammatica 17 - Pronomi relativi
1. che, che, che, chi, chi, che, chi, chi, che, che, che, che.
2. *che*, che, che, il che, -, -, che, -, chi, chi, che.
3. durante i quali, che, da cui, tra i quali, cui, attraverso cui, che, per chi, chi, quanti, il che.

Lessico 17 - Derivazioni Aggettivi da verbi
1. *-ivo/a:* informativo/informare, corrosivo/corrodere, punitiva/punire; *-ante:* emozionante/emozionare-emozionarsi, pesante/pesare; *-ente:* potente/potere; *-ibile:* vivibile/vivere, *-evole:* piacevole/piacere; *-abile:* tollerabile/tollerare, giustificabile/giustificare.
2. 1/*riciclabile*; 2/credibile; 3/bevibili, mangiabili; 4/realizzabile; 5/commovente; 6/praticabile; 7/raggiungibile; 8/durevole.
3. 1/*impraticabile*; 2/*non durevole*; 3/incredibile; 4/irraggiungibile; 5/irrealizzabile; 6/non riciclabile; 7/non commovente; 8/immangiabile; 9/imbevibile.

Grammatica 18 - Concordanze • Congiuntivo III
1. trasferirsi, avesse, scoprisse, vivere, fosse, diventasse, fosse, funzionassero, fossero, calassero, fossero analizzati/venissero analizzati, rivedessero.
2. siano, spiegasse, venisse, abbia, fosse, avessero costruito, avessero preferito, fosse, avessero, usassero, abbiano, avesse fatto, abbia, sia.

Lessico 18 - Modi di dire • Personaggi
1. 1/c, 2/g, 3/d, 4/f, 5/a, 6/e, 7/b, 8/h.
2. 1/darà a Cesare quel che è di Cesare; 2/è un Giuda; 3/è stata una vittoria di Pirro; 4/fa una vita da Nababbo; 5/è un Don Giovanni; 6/è un Bastian contrario; 7/sarò il vostro Cicerone; 8/è il segreto di Pulcinella.

Grammatica 19 - Forma passiva
1. vengono *spostate*, vengono *tolte*, vengono *scavalcate*, sono *costrette*, verrà *chiesto*, è stato *finanziato*, vengono *raccontate*, sono state *licenziate*, sono stati *raccolti*.
2. sono/vengono discriminate, è/viene cacciata, era stato assicurato, sarebbe stato rinnovato, sono stata più

chiamata/sono più stata chiamata, ero/venivo messa, sono stata *mai* assunta/sono *mai* stata assunta, fu chiesto, fui spostata, Fui licenziata, sono stati ascoltati
3. *Permessi lavorativi per il padre durante la gravidanza;* 1/viene consigliata continuamente la partecipazione dei padri alla gravidanza; 2/permessi lavorativi che possono essere richiesti dai padri; 3/visite del bambino fino a tre anni non sono retribuiti; 4/Nella maggioranza dei contratti questo diritto è stato tolto; 5/possono essere presi tutti da chi ne ha diritto.
4. 1. Criteri di ammissione - La domanda di ammissione può *essere* presentata presso la Direzione dell'Asilo in qualsiasi periodo dell'anno. Le domande di iscrizione **verranno** accolte in ordine di arrivo fino ad esaurimento dei posti. Iscrizione - Le domande di iscrizione **vanno** redatte su modelli prestampati che possono **essere** scaricati dal nostro sito. La quota di iscrizione annuale è di € 250,00 e non è restituibile; 2. Retta - La retta per la frequenza dell'Asilo è annuale e può **essere** rateizzata in quote mensili. [...] Alla retta mensile **vanno** aggiunti 40 euro per le spese di riscaldamento, solo per i 6 mesi invernali da novembre ad aprile compresi. La retta annuale **sarà** scontata del 4% qualora **venga** versata in un'unica rata annuale all'inizio della frequenza; 3. Pagamento - Le quote mensili **vanno** pagate anticipatamente entro il 5° giorno del mese corrente (Esempio: la retta per la frequenza del mese di gennaio **va** pagata entro il 5 gennaio).
Alimentazione - **Viene** richiesta ai genitori la tempestiva comunicazione dell'eventuale cambiamento di alimentazione o di tipi di alimenti. Eventuali allergie o intolleranze **vanno** segnalate all'atto dell'iscrizione fornendo un certificato del pediatra.

Lessico 19 - Alterazioni del nome
1. a/*lampi*, b/*lamponi*, c/*porto*, d/*portone*, e/*torre*, f/*torrone*, g/*burro*, h/*burrone*, i/*pulce*, l/*pulcino*, m/*botte*, n/*bottone*.
2. 1/un casino; 2/in vetrina; 3/il cenone; 4/caso; 5/i pennelli, il cavalletto; 6/il vetro; 7/un bagnino; 8/la pancia; 9/mattoni; 10/un manichino.
3. a/2, b/1, c/3, d/4, e/5, f/6, g/8, h/7, i/10, l/9, m/11, n/12.
4. 1/*n*, 2/s, 3/p, 4/u, 5/h, 6/m, 7/e, 8/v, 9/o, 10/r.

Grammatica 20 - Congiuntivo e connettivi
1. si formino/si siano formati, conseguano/abbiano conseguito, si accontentino, sono, vadano, sono, vivano, possano, avanza, conceda, attrae.
2. Malgrado, senza che, prima che, benché, a patto che, a meno che non, nonostante, Benché, affinché.

Lessico 20 - Derivazioni
1. *a + doppia consonante:* abbottonare dal nome *bottone*, *allungare* dall'aggettivo *lungo*, assaporare *dal nome* sapore, *in- (inn-, im-, il-):* imbottigliare *dal nome* bottiglia, impallidire *dall'aggettivo* pallido, innamorarsi *dal nome* amore, *r(i-, r(a)-):* rimpatriare *dal nome* patria, rattristarsi *dall'aggettivo* triste, rallentare *dall'aggettivo* lento.
2. 1/de-*caffeinare*; 2/dis-*infetta*, s-*macchia*, s-*bianca*; 3/s-*bucciare*; 4/s-*cartare*.

Grammatica 21 - Discorso indiretto
1. 1. *parlarmi*, suo, avevano trafomato, avevano dato, lui, fumava, beveva, faceva, era stata, sua, era diventata, era,

erano, era; 2. si era imposto, ci era riuscito, era; 3. si ispirasse, era, veniva, lui aveva fatto, avevano contribuito, lui preferiva.
2. 1. *Lei ha avuto un personaggio per tutte le stagioni,* dall'epoca in cui era di moda il western con Tex, all'epoca in cui andava di moda l'horror con Dylan Dog. Ognuno di questi personaggi ha avuto un enorme successo. Qual è la moda che meglio si identifica con il momento storico che stiamo vivendo?
2. Tex Willer e Dylan Dog hanno però una grande differenza. Tex Willer è un eroe infallibile, Dylan Dog invece impersona il modello dei nostri tempi, ha mille difetti, mille pregi. Perché questa scelta? E perché questo cambiamento?
3. Che cosa è più compatibile con la società contemporanea: un modello vulnerabile che punta a valorizzare le proprie doti o un modello invulnerabile che in realtà nasconde delle proprie debolezze?
3. era il suo assistente, si dimenticava, avrebbe avuto bisogno, glielo ricordasse, trovava, ricordargli, presentarla, andare, dargli, sarebbe andato, c'era, chiamavano, era, sembrava, era, si trattava, se ne andava, avergli, era, avrebbero sentito.

Lessico 21 - Modi di dire • *Niente e tutto*
1. 1/*una volta per tutte*; 2/*capace di tutto*; 3/*in tutto e per tutto*; 4/*con tutto il cuore*; 5/*tutto a posto*; 6/*ha fatto finta di niente*; 7/*non fa niente*; 8/*non mi sono fatto niente*; 9/*non hai niente in contrario*; 10/*non c'è niente di nuovo*; 11/*dolce far niente.*
2. 1/b; 2/c; 3/a; 4/c; 5/c.

Grammatica 22 - Altri usi del congiuntivo
1. siano legate, vogliano, possano, abbiano dato, abbiano riconosciuto, convivano, garantiscano, sia, sia riconosciuta, risieda, esista, siano state.
2. Mi chiedo perché il Parlamento non *concede/conceda* alle coppie italiane non sposate il riconoscimento di diritti fondamentali che spettano a tutte le coppie sposate, dal momento che, per quanto *può/possa* sembrare incredibile, i parlamentari italiani, quei diritti li hanno già da un pezzo. Da almeno 10 anni, infatti, non solo senatori e deputati della Repubblica possono estendere, al convivente, l'assistenza sanitaria integrativa dei parlamentari, ma questi possono anche godere della pensione di reversibilità. È sufficiente una comunicazione di convivenza, scritta dal parlamentare che ne **fa/faccia** richiesta.
Qualcuno dovrebbe spiegarmi come ciò **può/possa** succedere nella stessa Italia che, per esempio, ha negato alla signora Adele Parrillo compagna non sposata di uno dei 18 carabinieri uccisi a Nassiriya da un attacco kamikaze, il risarcimento, che, invece, spetta ai famigliari delle altre vittime. È la stessa Italia che nega, a milioni di persone, il permesso di assentarsi dal lavoro per assistere il partner che **si è ammalato/si sia ammalato** gravemente, oppure, di continuare a vivere nell'appartamento del convivente deceduto senza il permesso dei parenti più prossimi e, ancora, che continua a negare il diritto alla pensione di reversibilità. Per la prima volta, forse, la condizione di cui godono i parlamentari non è quella di un privilegio ingiusto, al contrario, godono di un diritto giusto, la questione è fino a quando **intendono/intendano** continuare a tenerlo solo per loro.
3. possa, sono, sono privati/vengono privati, tenti, desiderano, possono, possa, accedano, portano, hanno capito, hanno esteso, debba, esistano, possa/potesse, ha scelto, costi, abbia, sono.

Lessico 22 - Verbi pronominali
1. 1/ti rendi conto; 2/risparmiarsela; 3/farmene una ragione; 4/*la butti sul tragico*; 5/se ne esce; 6/prendersela; 7/non ne vuole più sapere; 8/mi sono fatto vivo; 9/ne ha abbastanza.
2. 1/*risparmiartela*; 2/mi sono fatto vivo; 3/fattene una ragione; 4/non ne voglio più sapere; 5/buttarla sul tragico; 6/ti sei reso conto; 7/Ne ho abbastanza di; 8/uscirvene.
3. a/se l'è presa; b/ha preso.

Grammatica 23 - Modi indefiniti
1. 1. ma lo fa utilizzando gli schemi; 2. adottando lo stesso suffisso di termini come; 3. hanno scelto i giornali quotidiani, registrando e studiando; 4. sfogliandolo si apre una finestra sull'Italia; 5. si guadagna da vivere raccogliendo e diffondendo pettegolezzi; 6. contiene tutte le voci del volume, facilitando.
2. 1. *spulciando*; 2. parlando; 3. *adattate*; 4. esercitata; 5. ricorrendo; 6. formate; 7. destinate; 8. mettendo; 9. raccolte; 10. analizzando.
3. Bisogna *risalire* alle *Raccomandazioni per un uso non sessista della lingua italiana* (1987) della studiosa Alma Sabatini. "Lo scopo di queste raccomandazioni - scriveva Sabatini - è di **suggerire** alternative compatibili con il sistema della lingua per **evitare** alcune forme sessiste della lingua italiana e **dare** pari valore linguistico a termini riferiti al sesso femminile".
La studiosa era consapevole di non **poter** imporre cambiamenti alla lingua italiana; "La maggior parte della gente - rifletteva Sabatini - è conservatrice e diffidente nei confronti dei cambiamenti linguistici, che sono visti come una violenza *contro natura*: **toccare** la lingua è come toccare la persona stessa".
Nel mondo anglosassone, a **partire** dagli Stati Uniti negli anni Settanta, sono state molte le iniziative per **contrastare** il sessismo nella lingua. In Italia i mutamenti economico-sociali e la consapevolezza culturale sono maturati con più lentezza. Ma oggi *architetto, avvocato, chirurgo, assessore, sindaco, ministro, questore, deputato, vigile, arbitro, medico* non bastano più a **designare** referenti che sono sia di sesso maschile, sia - sempre di più - di sesso femminile.
L'uso di *ministra* e di *avvocata* possono **essere interpretati** come una testimonianza dell'espandersi della nuova sensibilità linguistica.
Il problema sta nell'**adattarsi** rapidamente all'idea che sia un fatto normale che una donna sia ministra o avvocata, al pari del collega uomo ministro o avvocato.
Certo non è la preferenza del singolo a **decidere** come deve parlare la gente, ma se le preferenze singole diventano massa, il neologismo o la forma alternativa si presentano come nuovo elemento di norma, fino a **poter** essere inclusi nei dizionari di lingua e accolti nelle grammatiche.
4. saltare, leggere, tranquillizzarsi, Rivolgersi, usare, annunciare, riflettendo, fare, usare, inventandolo, evitando.
5. 1. *dover*; 2. fatte; 3. preoccupati; 4. attuare; 5. riflettere; 6. contare; 7. usate; 8. ricondurre; 9. essendo; 10. sostenere; 11. *potendo*; 12. chiamare; 13. dire; 14. usando.

Lessico 23 - *Far fare*
1. fareste, lasciarono, fece, lasciò, farsi, lasciate, si lasciarono, si facevano; disegno a.
2. 1/*Chi ha fatto piangere il figlio dei vicini?*; 2/farò valere i miei diritti in tribunale; 3/ci ha fatto ridere per tutta la serata; 4/non mi farà dire quello che non voglio; 5/ho fatto credere che sono da mia cugina; 6/farmi fare gli straordinari ma io; 7/fargli capire le mie ragioni senza.